GOLDMANN

Wolfgang M. Heckl

Die Kultur
der Reparatur

GOLDMANN

Alle Ratschläge in diesem Buch wurden vom Autor und vom Verlag sorgfältig erwogen und geprüft. Eine Garantie kann dennoch nicht übernommen werden. Eine Haftung des Autors beziehungsweise des Verlags und seiner Beauftragten für Personen-, Sach- und Vermögensschäden ist daher ausgeschlossen.

Der Verlag behält sich die Verwertung der urheberrechtlich geschützten Inhalte dieses Werkes für Zwecke des Text- und Data-Minings nach § 44 b UrhG ausdrücklich vor. Jegliche unbefugte Nutzung ist hiermit ausgeschlossen.

Penguin Random House Verlagsgruppe FSC® N001967

7. Auflage
Vollständige Taschenbuchausgabe Februar 2015
Wilhelm Goldmann Verlag, München,
in der Penguin Random House Verlagsgruppe GmbH,
Neumarkter Str. 28, 81673 München
produktsicherheit@penguinrandomhouse.de
(Vorstehende Angaben sind zugleich Pflichtinformationen nach GPSR)

© 2013 Carl Hanser Verlag, München
Lizenzausgabe mit freundlicher Genehmigung des Carl Hanser Verlags, München
Umschlaggestaltung: Uno Werbeagentur, München,
unter Verwendung eines Entwurfs von
Hauptmann & Kompanie Werbeagentur, Zürich, Dominic Wilhelm
Satz: Buch-Werkstatt GmbH, Bad Aibling
Druck und Bindung: GGP Media GmbH, Pößneck
AB · Herstellung: IH
Printed in Germany
ISBN 978-3-442-17483-6
www.goldmann-verlag.de

Inhalt

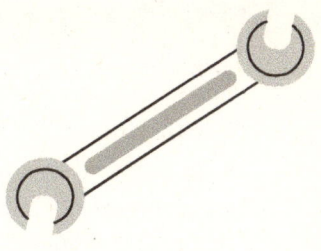

Plädoyer für eine
Kultur der Reparatur

*»Glück entsteht oft durch
Aufmerksamkeit in kleinen Dingen.«*
Wilhelm Busch

»Ich habe meine Mütze verloren!« Nora blickt hektisch umher. Jeder im HUIJ, dem Laden im Münchner Westend, einer Mischung aus Verkaufsladen, kleinem Café und offener Werkstatt, versteht sofort ihre Verzweiflung. Es handelt sich, obwohl man es angesichts des Kummers erst annehmen könnte, bei der Mütze um keine teure Designerkopfbedeckung aus einer Edelboutique, nein, sie ist selbst gestrickt. Mit den eigenen Händen hergestellt. Ein Unikat. Und überhaupt die allererste. Jeder ist augenblicklich bereit, an einer Suchaktion in unmittelbarer Umgebung des Ladens teilzunehmen. Im Hinterhof wird das Verlorengeglaubte gefunden, in der Nähe der Fahrradständer. Erleichterung.

Der Werkstattkurs »Klamotten pimpen« kann jetzt beginnen, um einen langen Holztisch sitzen sieben Frauen verschiedensten Alters, sie holen T-Shirts, Röcke oder Pullis heraus. Es sind Sachen, die sie mal gemocht, an denen sie sich aber nun sattgesehen haben, Teile, die irgendwie langweilig erscheinen, weil zu oft getragen. Ein häufiges Schicksal von Lieblingskleidern. Früher hätten die Kursteilnehmerinnen sie in die Tonne geworfen und sich etwas Neues gekauft. »Das war ein Wahnsinn. Die Kleidungsstücke waren noch gar nicht zerschlissen, man hatte nur genug von ihnen. Von allein wäre ich aber nie auf die Idee gekommen, ihnen mit eingearbeiteten Stoffen oder Bordüren einen neuen Glanz zu geben.« Nachhaltigkeit mit Stil ist nun ihre Devise.

Neben den ausgepackten Kleidungsstücken liegen ausgediente Frotteehandtücher in den verschiedensten Farben, die schönsten Stoffreste, Kordeln, Pailletten. In einer Ecke steht eine Singer-Nähmaschine, perfekt für den »stofflichen Umbau«. Unter Anleitung von Anja Spiegler, Designerin und eine der drei Mitbegründerinnen von HUIJ, werden in den nächsten vier Stunden die Sachen, denen die Mülltonne erspart blieb, einen besonderen Pfiff erhalten. Da wird bei einem weißen T-Shirt eine Schulterpartie durch ein knallorangefarbenes Stück Frottee ersetzt, eine abgewetzte Stoffhandtasche erhält einen neuen Bezug aus hellgrünem Samt, ein Rock wird mit selbst gehäkelten Bordüren aus einer besonders gefilzten Wolle aufgepeppt. Nach Handarbeit sieht die Kleidung nicht aus, eher ziemlich cool.

Im HEi, dem Haus der Eigenarbeit, führt die fünfundvierzigjährige Handwebermeisterin Waltraud Münzgruber den kreativen Umgang mit Wegwerfprodukten vor, der sich Upcycling nennt. Produkte, die man allgemein als nutzlos einstuft, werden umgewandelt, in Neuwertiges, und erhalten damit zugleich eine Aufwertung. Ohne zusätzlichen Energieverbrauch. Marcel und Ester sind auch Upcycler, sie stehen dagegen auf dem Schlauch, kreieren aus zerschnittenen Plattfüßen Hocker, Schmuck und ebenfalls Taschen. Jeder kann in dem Do-it-yourself-Zentrum im Stadtviertel Haidhausen diese Flechttechniken erlernen, die sich besonders in vielen Entwicklungsländern aus Plastik- und Gummiprodukten entwickelt haben – und viele wollen es lernen. Jung und alt.

Hatte man noch vor einigen Jahren die Nase über Secondhand gerümpft, ist es jetzt wieder salonfähig. Der Trend geht zu Kleidungsstücken mit individuellem Touch: an denen man selbst Hand angelegt hat. Doch nicht nur das Leben der Kleidung wird heute wieder häufiger verlängert, auch das von Radios, Mixern und anderen Küchengeräten. Der jüngste Schub dieser Entwicklung ging von einem unserer Nachbarländer aus – den Niederlanden. Genauer, von einem »Repair Café« in Amsterdam. Im Oktober 2009 wurde das erste von der Journalistin Martine Postma gegründet, aus Protest gegen eine Überfluss- und Wegwerfgesellschaft, in der kaum noch jemand in der Lage ist, einen Toaster oder eine Kaffeemaschine zu reparieren. Inspiriert war die Eröffnung des ersten Reparatur-Cafés durch ein »Repair Manifesto« – verfasst von holländischen Designern. Sie riefen dazu auf, »kein Sklave der Technologie« mehr zu sein, sie vielmehr wieder zu beherrschen. Folglich sind Repair Cafés nicht nur als Orte für Tüftler gedacht, die kaputten Geräten wieder Leben einhauchen, und für Menschen, die sich einen teuren Kundendienst nicht leisten können: Sie sind der Ausgangspunkt einer Bewegung, die ein neues Denken über die endlichen Ressourcen dieser Erde und unseren verschwenderischen Umgang damit propagiert; einer Bewegung, die sich gegen die Teile der Industrie richtet, deren Strategien darauf zielen, uns alle zu bequemen Konsumenten zu erziehen.

Die Kultur der Reparatur ist alt, doch durch die niederländische Repair-Bewegung ist das Reparieren zu einer kulturkritischen Haltung geworden: zu einem aktiven Protest, auch gegen wachsende Müllberge – deren Ausmaße gerade in der Dritten Welt zunehmen, in die der Westen seinen Elektroschrott verschifft. Und zu einem Aufruf, sich über die Entwicklung neuer Technologien im Bereich Recycling Gedanken zu machen.

Die Zeit für diese Bewegung ist reif. Nach knapp vier Jahren existieren in den Niederlanden rund fünfzig Repair Cafés, über das Internet hat sich die Idee in andere Länder verbreitet, nach Belgien, Frankreich, auch in die Vereinigten Staaten – und nach Deutschland. In Köln entstand das erste Reparatur-Café, Hamburg, Düsseldorf, München und viele andere Städte folgten.

Auch hierzulande dreht sich in den öffentlichen Bastelstuben aber nicht alles nur ums Drehen, Schrauben, Löten, nicht nur darum, wie man handwerkliche Hilfsmittel bei Dingen einsetzt, die den Geist aufgegeben haben. Es werden ebenso Handarbeitstechniken gelehrt, die meisten wissen nämlich nicht mehr, wie man häkelt oder eine Nähmaschine bedient. Die Schulen haben den Handarbeits- und Werkunterricht schon vor Jahren abgeschafft. Und die Eltern haben zu Hause auch keine Werkstatt mehr im Keller, eine Nähmaschine steht meist nur noch bei den Großeltern herum, oft genug auf dem Dachboden.

Zudem konkurrieren heute Technik-Nerds mit Handarbeitsfreaks. Das Reparieren wird immer weiter gefasst, als Herstellen von Dingen mit eigenen Händen – das Spektrum der »Marke Eigenbau« ist breit. Der Anspruch ist nicht nur aufs Tun beschränkt, die Café-Werkstätten bieten nicht nur Hilfe zur Selbsthilfe, sie sind Räume, in denen man versinken kann, die sich entschleunigt haben, die dem kreativen Denken und Machen den Vorzug geben. Und sie initiieren eine Form der Nachbarschaftshilfe, da sie in ihre Stadtviertel eingebunden sind, sie wecken Teamgeist und verbinden Generationen miteinander.

Im HUIJ gibt es keine Werkstattkurse extra für Kinder oder Mützen-Stricken und Siebdrucktechniken für junge oder ältere Frauen (höchstens für »verfrorene Einsteiger«). Es existieren keine strikten Trennungen und Altersbegrenzungen (»5–12 Jahre«). Man hat Kontakt aufgenommen zu einem Seniorenheim aus dem Viertel, eine ältere Dame hat sich bereiterklärt, Malen zu unterrichten. Eine andere bietet bei Projekten wie »Marmelade einkochen« oder »Seifen gießen« ihre Unterstützung an.

Nach dem Motto von HUIJ: »Alle können alles und niemand kann nichts, aber alles kann man lernen«, wird das Programm stets ausgebaut. Die Stadtimker treffen sich regelmäßig in den Räumen von HUIJ, da kam man auf die Idee, das Thema »Selbstversorgung« mehr zu forcieren, mit Kressebeeten und einem Gemüseanbau auf dem Balkon (bei fehlenden Bienen ein Problem, wenn man nicht gerade die geschlechtslose Gurke favorisiert). Angedacht ist auch ein Tauschbord, in das jeder etwas mit eigenen Händen Gemachtes hineinstellen und stattdessen eine andere Sache an sich nehmen kann. Aber es wird auch ökonomisch gedacht: Kleine Serien von bedruckten Shirts, Taschen oder selbst gestrickten Mützen werden im Laden zum Kauf angeboten, jeder kann kommen und zeigen, ob seine Sachen ins Konzept passen.

Im FabLab, ebenfalls in München angesiedelt, in Neuhausen, geht es ähnlich wie im HUIJ ums Selbermachen, um Wissensaustausch und Kreativität – nur wird dieser Ort als offene »Hightech-Werkstatt« bezeichnet. Hier wird auf »Demokratisierung und Entmystifizierung neuester Technologien« gesetzt, auf die Vernetzung unterschiedlicher Fachbereiche. Im FabLab treffen sich Informatiker, Maschinenbauer, Techniker, Künstler, Designer, Handwerker und Pädagogen – die Experten verstehen sich als Ideengeber, insbesondere für die Weiterbildung von Schülern und Jugendlichen. Grundsätzlich ist aber jeder willkommen, der an Hightech-Maschinen wie Lasercuttern, CNC-Fräsmaschinen oder 3-D-Druckern interessiert ist; der technische Prototypen herstellen will, um wieder mehr Verständnis für die Welt der Technik zu bekommen, ihr nicht hilflos ausgeliefert zu sein.

Attraktor, der Makerspace in der City-Nord von Hamburg schließlich, ist ein Treffpunkt für die echten Daniel Düsentriebs, die Tüftler innerhalb der Repair-Bewegung, denen bei Arbeiten mit Holz, Metall, elektronischen Schaltungen, aber auch bei Softwareentwicklungen ein Licht aufgeht. Die, getrieben von wahrem Erfindergeist, eine richtige Werkstatt brauchen, mit allem Drum und Dran, mit Dreh- und Tischfräsmaschine. Aber auch hier wird nicht nur gebastelt, sondern auch gezeigt, wie etwa Decken gestrichen werden. Und es wird geflogen, mit Quadrokoptern (natürlich nur nach Vorlage einer gültigen Modellflugversicherung).

Tüftler brauchen Netzwerke, müssen ständig im Austausch bleiben, daher finden an bestimmten Wochentagen zu bestimmten Uhrzeiten, immer nach Feierabend (19.30 Uhr) Stammtische statt. Da ihnen wohl die Frauen ausblieben, betonen die Tüftler bei Attraktor den Besitz von zwei Nähmaschinen: »Wir können auch Stoff!« Prima hübsche Taschen entstehen da. Wert wird zudem auf Vorträge gelegt, zum Beispiel über das Thema Netzneutralität oder über Ray Kurzweil, amerikanischer Erfinder, Futurist und

»Director of Engineering« bei Google, über dessen Ideen es sich vortrefflich streiten lässt.

Die Szene ist bunt – und es ist erst der Anfang. Davon sind Nora und Anja vom HUIJ überzeugt. Nicht anders ich selbst. Reparieren ist kreativ. Reparieren macht erfinderisch. Reparieren ist eine wunderbare sinnvolle Freizeitbeschäftigung. Dabei ging meine erste Reparatur kolossal schief.

Ungefähr im Alter von fünf Jahren wollte ich in Abwesenheit meiner Eltern ein kleines Radio reparieren, unser einziges Familienradio zur damaligen Zeit. Eigentlich war es gar nicht kaputt, aber ich war fest davon überzeugt, es reparieren, mir zumindest das Innere genauer anschauen zu müssen, um etwas über sein Geheimnis, seine Funktion zu lernen. Wie es sich gehört, zog ich dazu den Stecker raus, nahm einen Schraubenzieher in die Hand und zerlegte das Radio. Das Werkzeug stammte aus der kleinen Werkstatt meines Vaters. Der bastelte für sein Leben gern, stellte Schränke her und versuchte zu reparieren, was immer zu reparieren war. Nicht immer gelang ihm das. Und darin trat ich nun in seine Fußstapfen: Die Reparatur missglückte. Ich konnte nur feststellen, dass das Innenleben eines Radios unter anderem aus einem Lautsprecher besteht, verknüpft mit einem Magneten, der etwas macht, das mich zum Staunen brachte: Er konnte Gegenstände aus Eisen, wie zum Beispiel Nägel, anziehen. Zusammenbauen konnte ich das Gerät leider nicht mehr. Von meinen Eltern erwartete ich ein großes Donnerwetter, aber sie reagierten wunderbar:

»Aus dem Bub wird einmal etwas, der will etwas wissen, ist neugierig.«

Wer repariert, setzt sich mit Dingen auseinander, begreift die Welt – ganz im Sinne des Humboldt'schen Bildungsideals eines zusammenhängenden Verstehens. In dieser Perspektive hat Reparieren einen pädagogischen Anspruch. Doch im Gegensatz zum Programm des preußischen Bildungsministers und Gelehrten betrachte ich Bildung nicht allein als eine Bildung des Kopfes. Lernen verläuft nur dann optimal, wenn man sich auch praktisch, vor allem manuell betätigt. Das jedenfalls haben die neuesten Erkenntnisse auf dem Gebiet der Gehirn- und Lernforschung gezeigt. Nicht umsonst steht das Wort Begreifen neben dem Verstehen auch für den haptischen Umgang mit den Dingen.

Das Reparieren, sich selbst zu helfen, ist eine sinnstiftende Tätigkeit. Es ist gelebte Nachhaltigkeit, bedeutet die Übernahme von Verantwortung, verbindet mich sinnvoll mit dem, was mich umgibt, und zwingt zum genauen Schauen, Erleben und Entdecken. Die Reparatur fördert mein Verständnis der Funktion von Dingen und damit auch die Wertschätzung denen gegenüber, die sich das Werkstück oder Gerät ausgedacht, die es erfunden und auch hergestellt haben. Des Weiteren gewinnt jeder, der reparieren und/oder etwas herstellen kann, an Autonomie. Nichts lässt im Menschen ein stärkeres Gefühl von Freiheit aufkommen als die Erfahrung, nicht von anderen abhängig zu sein – und umgekehrt für andere tätig werden zu können, ihnen bei der Reparatur von Dingen zu helfen. Alles, was ich selbst zuwege bringe, worüber ich nicht die Kontrolle verliere, stärkt meine Selbstbestimmtheit: Und je mehr jemand kann, umso motivierter ist er, noch mehr zu können, neugierig danach Ausschau zu halten, was man noch alles in Angriff nehmen kann. Es ist genau das, was die guten alten Erfinder ausgezeichnet hat – es nicht bei einer Sache zu belassen, sondern immer weiter in die Geheimnisse von Dingen einzudringen. Zudem macht das Reparieren Laune, es bringt ungemein viel Spaß. Das Gelingen eines mit eigenen Händen ausgeführten Werks erzeugt ein Glücksgefühl und eine unglaubliche Befriedigung. Wer kennt das nicht, diesen wonnigen Schauer, der einem den Rücken hinunterläuft, wenn etwas gelingt, was man vorher nicht für möglich gehalten hat. Bei Kindern lässt sich das vorzüglich beim kreativen Spielen beobachten.

Glücksforscher um Daniel Gilbert, einen amerikanischen Psychologieprofessor an der Harvard University, haben eine Studie veröffentlicht, in der die wichtigsten Regeln zum Glücklichwerden dargelegt wurden: Menschen helfen und Kleinigkeiten wertschätzen gehören dazu, der Kauf eines überflüssigen Konsumartikels nicht. Er lässt nur kurz das Herz höher schlagen, denn schon bald hat man sich an ihn gewöhnt. Überhaupt geraten gekaufte Erlebnisse schnell in Vergessenheit.

Die Kultur der Reparatur kann auch dazu beitragen, die größer werdende Lücke zwischen den Generationen zu schließen. Es gibt in Deutschland so viele Menschen, die etwas können, deren Fähigkeiten aber brachliegen, weil sie von der Gesellschaft nicht mehr eingefordert, nicht mehr wertgeschätzt werden. Würde etwa Günther Jauch einen älteren Herrn, der etwas über zugesottene Zweitaktmotoren weiß, in seine Talkshow einladen?

Eher nicht, und daran wird sich wohl auch nichts ändern. Was sich jedoch bereits ändert, ist unser Bewusstsein dafür, dass wir Vorbilder brauchen: solche, die uns zeigen, was gelebte Nachhaltigkeit bedeutet. In Zukunft werden wir angesichts knapper werdender Ressourcen mehr denn je Menschen brauchen, die in der Lage sind, etwas zu reparieren. Mögen es Ehrenamtliche sein, Großmütter oder Großväter, Hidden Experts oder wie immer man sie nennen möchte.

Die Reparatur-Bewegung wird noch mehr als bereits geschehen zur Gründung von Netzwerken führen, in denen junge Bastler und Reparierer mit älteren Experten zusammenkommen.

Das Zusammenführen der Generationen ist in Zeiten des demographischen Wandels essenziell. Ein anderer Grund für eine neue Kultur der Reparatur ist die Begrenztheit der natürlichen Ressourcen. Sie ist der Grund, dass Energie, Umwelt und Rohstoffversorgung die wichtigsten Zukunftsthemen im gesellschaftlichen Dialog geworden sind. Wir brauchen ein Recycling nahezu aller natürlichen und synthetischen Materialien, die wir in unseren Produkten verarbeiten, eine Kreislaufwirtschaft. Um diese zu installieren, braucht es technologischen Erfindergeist, der auch zukünftig eine Basis für unseren naturwissenschaftlich-technisch basierten Wohlstand sein wird. Und einen intelligenten Verbraucher, der mit seinem Kaufverhalten zum Beispiel langlebigere Produkte bei höherem Preis bevorzugt.

In einer freien Marktwirtschaft haben wir Konsumenten es in der Hand, die Abkehr von der Wegwerfgesellschaft zu schaffen – indem wir uns leidenschaftlich einem ressourcenschonenden Umgang mit unseren Produkten zuwenden. Die Gesamtökobilanz könnte z. B. genauso wie die Inhaltsstoffe, die Herkunft, die Energieeffizienz usw. auf einem Produkt vermerkt und auf der Herstellerhomepage detailliert ausgewiesen werden.

Natürlich ist das nicht einfach, denn es gibt für jedes Produkt ein Optimum aus Mitteleinsatz, Verkaufspreis, Lebensdauer, Reparatur- und Recyclingfähigkeit. Es lohnt sich aber, dieses zu suchen. Jeder Einzelne von uns kann durch sein Konsumverhalten und einen bewussteren Umgang mit den Produkten zu einer neuen Kultur beitragen.

Zu einem guten Wirtschaftsmodell gehört auch, dass wir Globalisierung und regionale Produktion besser austarieren. Selbstverständlich ist internationaler Handel aus vielen Gründen wohlstandsfördernd und sinnvoll, andererseits ist der Gedanke der Lokalität ein ressourcenschonendes Prinzip. Sie verhindert beispielsweise, dass Krabben in der Nordsee gefangen, in Marokko gepult und etliche Tausende Kilometer per Luft oder Lkw zum Endverbraucher transportiert werden, noch dazu unter aufwendigen Kühlbedingungen.

Die einzelnen Aspekte der Kultur der Reparatur werden in den Kapiteln dieses Buchs ausgeführt werden. Festgehalten werden kann aber bereits, dass sie nur ein Teil des Puzzles der globalen Nachhaltigkeit sind, wenn auch ein wichtiges. Unsere Zukunft wird vom Beschreiten neuer wirtschaftspolitischer Pfade und von technischen Innovationen abhängig sein, dazu müssen gerade auch die Problemlösungskompetenz und Intelligenz unserer jungen Leute, die in Zukunft Verantwortung für diesen Planeten übernehmen, beitragen.

Keinesfalls will ich als Weltenretter verstanden werden, vielmehr möchte ich zu einer Debatte aufrufen, zu einem Nachdenken an einer entscheidenden Stelle, nicht mehr, nicht weniger: Meine Gedanken zur Ressourcenschonung sind geschichtlich betrachtet nichts Neues, sie wurden schon vor Generationen gedacht und in die Tat umgesetzt. In München gibt es z. B. seit vielen Jahren neben den schon erwähnten Initiativen eine vom Abfallwirtschaftsbetrieb herausgegebene Broschüre, die beinahe tausend Adressen von Handwerksbetrieben und Fachgeschäften auflistet, die Reparaturdienstleistungen aller Art anbieten. Ziel dieses Buchs ist es, die Leser nicht nur auf Reparaturbetriebe – die sich vielleicht schon seit Generationen in den Stadtteilen, quasi um die Ecke befinden – wieder aufmerksam zu machen, sondern ihnen Lust aufs Reparieren und Gestalten zu machen. Noch bevor man seine ausgedienten Sachen zum Sperrmüll bringt, sollte man die Reparatur oder auch einen Flohmarktverkauf zumindest wieder in Erwägung ziehen. Weil es unsere Ressourcen schont – und weil es uns zu glücklicheren Menschen macht.

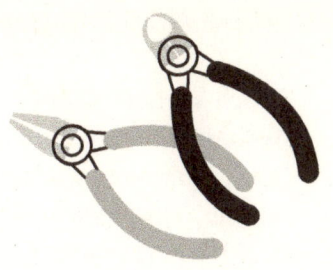

Reparatur – ein Konzept der Natur

Das Prinzip der Selbstorganisation

Um zu verstehen, dass die Reparatur einen natürlichen Ausweg aus der hochgetunten Wegwerfgesellschaft bedeutet, sollten wir uns vergewissern, dass ihr Prinzip keine menschliche Erfindung, sondern ein uraltes, der Natur seit Anbeginn der Zeit innewohnendes ist. Reparaturprozesse finden schon in der unbelebten Natur statt, aber erst in lebenden Systemen entfaltet sich die ganze Kraft der Mechanismen, hinter denen Selbstorganisations- und Selbstheilungskräfte stehen und ohne die Leben weder hätte entstehen noch überhaupt eine Sekunde lang aufrechterhalten werden können.

Reparatur als Konzept der Natur lässt sich natürlich nicht ohne Weiteres auf die Welt der Gegenstände übertragen: Der sich selbst reparierende Kühlschrank, der einfach ein internes Reparaturprogramm anwirft, sobald er nicht mehr richtig kühlt, ist nach wie vor eine Utopie.

Noch schöner wäre es, wenn auch der Inhalt »repariert« werden könnte: Es fehlen zwei Liter Frischmilch, das Glas Quittenmarmelade ist leer, der Käse ist auch aufgegessen, eine kleine Fehlermeldung, und schon sind die Kühlfächer wieder nachgefüllt. In einer solchen Welt gäbe es auch nie wieder Ärger mit defekten Kaffeemaschinen oder Waschmaschinen, die nicht mehr in den Schleudergang wollen.

Was in unseren Ohren absurd klingt, ist in der »echten« Natur ein völlig selbstverständlicher Prozess: Beschädigte Systeme werden repariert, wiederhergestellt. Denken Sie nur an das Ihnen sicher vertraute Beispiel der Wundheilung: Wir reparieren uns selbst, wenn wir uns verletzen. Dies ist das Prinzip der Selbstorganisation, das uns zunächst in der anorganischen Welt begegnet.

Bergkristalle – diese wunderbaren, homogenen Körper – wachsen, weil die Atome, die sie ausmachen, sich selbst nach den Regeln der Physik organisieren. Anfangs schwimmen sie ungeordnet in einer Art Mutterlauge, der Kristalllösung, von der schon Thomas Mann im *Zauberberg* berichtet, umher, suchen sich ihre Plätze in allen drei Dimensionen des Raumes, in genau demselben Abstand voneinander, periodisch in allen drei Raumrichtungen. Selbstorganisation führt also zu einer von uns Menschen empfundenen Schönheit der hauptsächlich kristallin vorliegenden unbelebten Materie in der uns umgebenden Natur.

Dabei können Fehler entstehen. Es kann vorkommen,

dass bei diesem Wachstum einzelne Atome falsch andocken, in einem falschen Abstand, in einer falschen Position; schon in der Mutterlauge selbst kann sich ein falsches Atom, ein falsches Molekül befinden, nach dem Motto: »Hilfe, ich bin ja in der falschen Suppe gelandet!« Dieser Fehler wird nun offensichtlich repariert, jedenfalls in vielen Fällen. Sonst gäbe es die aus 10 hoch 23 Atomen bestehenden wunderbaren Bergkristalle nicht. (Ja, richtig gelesen, eine 1 mit 23 Nullen. Für uns eine absolut nicht mehr vorstellbar große Zahl.)

Die Fehlerbehebung, die Reparatur, funktioniert dabei durch Selbstorganisation. Ein Kristall wächst nur »richtig« weiter, wenn die Trilliarden von Atomen, die ihn ausmachen, die richtige Position einnehmen. In der Regel »merkt« er, wenn dies nicht geschieht, und zwar aus einer energetischen »Sichtweise« heraus: Da in der Natur alles nach dem Prinzip der Energieminimierung verläuft, »stellt« der Kristall »fest«, dass es für einzelne Atome energetisch günstigere Positionen gibt.

Das Prinzip der Energieminimierung ist ein übergeordnetes Prinzip in der Natur: Die Atome suchen in allen drei Raumrichtungen so lange ihren Platz, bis sie den gefunden haben, der für sie perfekt ist: Werfe ich Orangen in eine Kiste und schüttle diese, so nehmen sie die dichteste Packung ein, eine Stapelung, wie wir sie auch auf dem Obstmarkt vorfinden. Diese dichteste Packung wird dadurch erreicht, dass das Schütteln die energetisch betrachtet ungünstigen Positionen in die geordneteren Lagen überführt. Genau so muss man sich das für die Atome in einem wachsenden Kristall vorstellen, der über die Wärmebewegung der Teilchen in der Lösung »durchgeschüttelt« wird.

Weil Kristalle sich Positionen »merken« und auf der sich vor ca. 3,8 Milliarden Jahren abkühlenden Erdoberfläche als die ersten geordneten Strukturen entstanden (und weil Ordnung der erste Schritt zur Entstehung von Leben ist), sprach der englische Chemiker Graham Cairns-Smith auch von »lebenden Kristallen«. Das würde mir aber zu weit gehen. Das atomare Konstruieren ist ein physikalisches Prinzip, und Kristalle sind als Template, auf deren Oberfläche sich erst Leben entwickeln konnte, wichtige Voraussetzung für unsere eigenen Forschungen zum Ursprung des Lebens. Mehr aber auch nicht.

Als Werksstudent habe ich bei der Firma Siemens gearbeitet und dort Siliziumkristalle gezüchtet: Meine Aufgabe war es, mithilfe von physikalischen Verfahren die Natur zu animieren, den ganzen »Dreck«, die ungewünschten Fehlatome, die noch in den Kristallen vorhanden waren, herauszubringen. Es ging darum, die Fehler in der Züchtung zu reparieren, um am Ende reine Siliziumkristalle zu erhalten. Zonenziehen hieß der Vorgang. Ob Siemens oder Wacker Chemie, ob Halbleiterelektronik, Solarzellen oder Transistorkristalle, all das funktioniert nur deshalb, weil es nach dem Beseitigen der ungewünschten »Dreck«-Atome im darauffolgenden Herstellungsprozess den definierten Einbau von gewünschten Fremdatomen gibt, der durch die Veränderung der Randbedingungen Selbstorganisation und Energieminimierungsprinzip geschickt ausnutzt. Es ist dies ein Vorgehen, um bestimmte Eigenschaften von Materialien maßzuschneidern – denken wir nur an das Dotieren von Halbleiterkristallen (p- oder n-Leiter), die die gesamte Halbleiterelektronik erst möglich gemacht haben.

Jede Materialwissenschaft als Voraussetzung zur Herstellung neuer Produkte mit gewünschten Eigenschaften bedient sich dieser Kenntnisse vom Aufbau der Materie, und fast alle natürlichen Materialien, die wir in unserem Umfeld finden, sind zumindest mikrokristallin und benutzen das Prinzip der Reparatur von Fehlstellen.

Entscheidend ist: Die Natur macht Fehler, die sie, zumindest teilweise, wieder repariert. Und weil jedes nichtlebende Material, das wir in unserer Umwelt finden, dieses Reparaturprinzip benutzt, gehört es zur Genesis aller Stoffe auf unserer Erde. Das beginnt mit dem Urknall und setzt sich fort mit der Entstehung der Sterne und der Planeten. Die Erde hätte sich ohne Reparatur vor rund vier Milliarden Jahren niemals bilden können, und hätte es bei der Erkaltung der Erde keine Energieminimierung, Selbstorganisation und keine Reparatur gegeben, würden wir nicht existieren.

Wie Leben entstand

Haben sich beim Bergkristall die anorganischen Moleküle miteinander verbunden, passiert dies in einer ähnlichen Weise bei lebenden Systemen mit Molekülen. Erst ordneten sich in der sogenannten Ursuppe die Ausgangsmoleküle wie DNA-Basen und Aminosäuren zu zweidimensionalen Strukturen, indem sie Kristalloberflächen als Template benutzten. Als damit ein primitiver genetischer Code erfunden war und erste Polypeptide ermöglichte, lösten diese sich von der Unterlage, um dann das dreidimensionale System aus DNA-Code und Proteinen zu bilden. Dabei spielte der Selbstreparaturmechanismus bereits eine Rolle. Doch wie genau entstand das Leben?

Diese Frage stellte schon der Großherzog von Sachsen-Weimar-Eisenach, Karl August, dem acht Jahre älteren Goethe; beide verband eine tiefe Freundschaft. Goethe meinte die Antwort auf die Frage, wie aus totem lebendes Material wurde, zu kennen, da er schon des Öfteren beobachtet hatte, wie zum Beispiel aus verrottendem Material wenig später Würmer herauskrochen. Er glaubte an die *vis vitalis* der Lebensphilosophie, eine den unbelebten Materialien innewohnende Lebenskraft. Deren Existenz widerlegte später der französische Chemiker Louis Pasteur. Er zeigte, dass sich bei sterilem Material keine Lebensspuren entwickeln, und gewann damit einen von der französischen Akademie der Wissenschaften ausgelobten Preis, der ein für alle Mal die Frage nach der spontanen Lebensentstehung aus nicht lebendem Material klären wollte. Wenn man so will, bekam er ihn zu Unrecht, denn es musste ja in ferner Vergangenheit, auf der frühen Erde, doch spontan Leben entstanden sein, was Pasteur gerade nicht zu erklären vermochte.

Doch schauen wir uns auf der Suche nach »Lebenskräften« einmal einen Baum an. Woher wissen Bäume, dass Frühjahr ist und sie aussprießen sollen? Wir Menschen können in den Kalender schauen, Bäume können das nicht. Liegt es daran, dass es draußen heller und wärmer geworden ist? Hat ein Baum ein Thermometer? Woher weiß er das alles? Und wieso wächst ein Edelweiß in einer kargen Berglandschaft? In der Erde liegen doch nur beliebig verteilt Moleküle oder Atome herum, und in der Luft liegt der Kohlenstoff ungeordnet in Form von Kohlendioxidmolekülen vor. Oder man kann sagen: Offensichtlich ist das Edelweiß dazu in der Lage, Moleküle aus der Luft (Kohlendioxid) und Atome aus dem Boden (Wasser, Mineralien) so zu dirigieren – also zu demorpheln, wie der bayerische Kabarettist Gerhard Polt vielleicht sagen würde –, dass daraus ein Edelweiß wird. Und das ist nicht so ganz einfach, denn eine Farbe wie Gelb, Weiß oder Rot entsteht nicht einfach durch ein einzelnes Atom, sondern im Zusammenspiel mit mehreren. Auch ob die Blüten und Blätter einer Pflanze eher weich oder hart werden, wird nicht über ein Atom entschieden, sondern wieder aus der Kombination mehrerer. Wie schafft die Pflanze das alles? Man könnte meinen, dass »alles in ihren Genen« festgelegt, determiniert und vorausbestimmt ist, dass in der DNA fixiert ist, dass das Weiß einer Edelweißpflanze oder das Blau einer Glockenblume codiert sind. Doch die Genetik liefert nur grobe Anweisungen, die auf die wunderbare Fähigkeit zur Selbstorganisation angewiesen sind. Die Gene bestimmen nicht, wo jedes einzelne Atom seinen Platz im dreidimensionalen Raum zu finden hat. Es ist in ihnen kein Anordnungsbefehl festgelegt, kein Computerprogrammcode für jeden Baustein. Der genetische Code ist mehr wie eine Blaupause. Er gibt vor, dass zum Beispiel eine Zellmembran hochgezogen werden soll, jedoch nicht, wo jedes sie aufbauende Lipid und Protein genau hinkommt.

Die große wissenschaftliche Frage, die Frage nach der Entstehung von Leben, kann die Genetik nicht beantworten. Die genaue Antwort zu finden ist ein besonders spannendes Forschungsthema, verborgen liegt sie im Prinzip der Selbstorganisation und der Reparatur: Auf der frühen Erde gab es eine Atmosphäre mit vielen chemischen Zutaten, Energie war zum Beispiel in Form von Erdwärme oder Blitzen vorhanden (ein Szenario, das die beiden amerikanischen Chemiker Harold Clayton Urey und Stanley Miller in den fünfziger Jahren des letzten Jahrhunderts in einem Glaskolben im Labor simuliert haben). Viele Moleküle trafen aufeinander, verbanden sich nach den chemischen Regeln und dem Prinzip der Energieminimierung, und am Ende entstanden unter den richtigen Rahmenbedingungen hinsichtlich Dichte, Konzentration, Temperatur usw.

ganz zufällig die als Voraussetzung für die Entstehung von Leben notwendigen DNA-Basen, die vier Buchstaben des genetischen Codes. Theoretisch hätten sich Milliarden von anderen Molekülkombinationen bilden können. Doch es waren genau diese vier. Warum? Die schlichte Antwort: Sie waren energetisch äußerst günstig. Die anderen Kombinationen, die ebenfalls entstanden, waren fehlerhaft, weshalb sie während des spontanen Syntheseprozesses korrigiert, »repariert« und zu den »richtigen« vier Molekülen wurden: denen mit der ungeheuren Fähigkeit, die Basis eines Erkennungssystems zu bilden, das Kodierung, Aufbau und Reproduktion von Aminosäuren und Proteinen und damit die zentrale Voraussetzung für die Entstehung und den Erhalt von Leben ermöglicht.

Weil die Prinzipien der Selbstorganisation und Reparatur einschließlich des Energieminimierungsprinzips universeller Natur sind, könnte dieser Prozess übrigens auch woanders im Universum stattgefunden haben oder gerade stattfinden. Davon jedenfalls bin ich wie auch meine Kollegen der Planetary Society in Pasadena, die sich der Erforschung von extraterrestrischen Lebensprinzipien widmet, überzeugt.

Ohne das Reparaturprinzip, ohne die Selbstheilungskräfte der Natur wäre kein Lebewesen – einschließlich des Menschen – fähig zu existieren. Denn ständig passieren Fehler beim Ablesen des genetischen Codes in unseren Zellen, entstehen Schäden an unserer DNA, zum Beispiel durch kosmische Höhenstrahlung (oder durch hochenergetisches Licht: Vorsicht vor zu langen Solariumbesuchen). Doch zugleich wird in jeder Sekunde, in jeder Zelle mindestens ein fehlerhaftes Molekül innerhalb der DNA-Kette repariert. Dazu gibt es Reparaturenzyme, eine ganze Klasse von speziellen Proteinen, mit denen sich das Leben gleichsam selbst repariert.

Die Grenzen der Reparatur

Die Natur repariert, weil etwas unvollständig, weil etwas nicht perfekt, weil etwas kaputtgegangen ist. Ihr Ziel ist aber nicht absolute Vollständigkeit oder Perfektion, denn die würde ein System zur Folge haben, das nicht zur Weiterentwicklung fähig ist. Die eingebauten Fehlerquellen der Natur bilden die Grundlage für Mutationen, für Veränderungen unseres Erbguts. Die meisten Mutationen sind für Pflanzen, Tiere und Menschen zwar schädlich, manche haben sich jedoch als fundamentaler Überlebensvorteil erwiesen. Sie eröffneten neue Möglichkeiten, sodass sich das Leben weiterentwickeln und neue Seinsformen hervorbringen konnte. Auf diese Weise konnte sich im Laufe der Evolution die Vielfalt in der belebten Natur entwickeln. Und die Natur repariert immer weiter, weil es immer Fehler, Mutationen geben wird.

Auf der Ebene des einzelnen Organismus findet die Reparaturfähigkeit jedoch immer auch ein Ende. Krankheiten entstehen. Fehler im Aufbau und in der Funktion eines lebenden Systems sind ab einem bestimmten Zeitpunkt nur noch begrenzt zu beheben. Warum müssen wir sterben und können nicht auf ewig weiterleben? Weil die Reparatur natürliche Grenzen hat. Eine moderne Theorie dazu besagt: Je älter die Chromosomen sind, also jene proteinverpackten DNA-Strukturen, die die Gene und die Erbinformationen enthalten, umso mehr Fehler schleichen sich bei ihrer Reproduktion ein. Besonders ist dies bei den Telomeren festzustellen, den aus Proteinen bestehenden Enden der Chromosomen. Mit anderen Worten: Die Reparaturenzyme schwächeln, sind nicht mehr voll einsatzfähig. Das Alter eines Menschen kann man dann auch daran ablesen, wie viele dieser Baufehler sich an den Chromosomenenden akkumuliert haben. Und die Zahl dieser Fehler können wir beeinflussen, etwa im Laufe des Lebens beschleunigen, weil wir radioaktiver Strahlung oder chemischen Giften wie Nikotin ausgesetzt sind. Im Gegenzug können wir durch einen gesunden Lebensstil, durch gesunde Ernährung und eine Balance von Aktivität und Kontemplation einiges für unsere Lebensspanne tun. Wir können die Reparaturfähigkeit prolongieren.

Neben der Reparatur findet in der Natur auch Recycling statt. Die Bausteine, aus denen die Natur besteht, sind, nachdem sie einst im Sterninneren entstanden und durch Supernova-Explosionen in Form von Sternenstaub im Universum verteilt wurden, irgendwann auf der Erde akkumuliert und zum Aufbau der natürlichen Dinge verwendet worden. Dabei hat sich lebende Materie auf schwache chemische Bindungen, etwa Wasserstoffbrückenbindungen, als Konstruktionsprinzip eingelassen. Dies ist sehr vorteilhaft, weil es die Reparaturfähigkeit und das Neuentstehen, mithin die Fehlertoleranz bei der Selbstorganisation, erst ermöglicht. Der große Nachteil dieser Art von Bindungen ist, dass sie auch wieder abgebaut werden. Bei uns Menschen passiert das konsequent nach Lebensende. Für das Leben insgesamt kann aus uns also wieder Neues entstehen. Wir werden gewissermaßen »recycelt«. Vielleicht ist das die rein materialistische Basis für eine anders verstandene Idee der Wiedergeburt.

Das Konzept der Reparatur hat sich nicht nur in der Natur, sondern auch in der Menschheitsgeschichte bewährt. Von den Neanderthalern bis in die Neuzeit: Gebrauchsgegenstände wie Werkzeuge waren wertvoll, wurden so lange wie möglich bewahrt. Doch dieser enge emotionale Kontakt zu den Produkten ist uns in den letzten Jahrzehnten verloren gegangen. Davon soll das nächste Kapitel handeln.

Der Verlust einer elementaren Fähigkeit

Verlorenes Wissen:
Die Gesamtschau der Dinge

Kosmos – Entwurf einer physischen Weltbeschreibung lautet der Titel des fünfbändigen Werks Alexander von Humboldts (1769–1859), in dem er dem damaligen Leser jene »Gesamtschau« vermitteln wollte, »die Erscheinung der körperlichen Dinge in ihrem Zusammenhange, die Natur als durch innere Kräfte bewegtes und belebtes Ganzes«. Die Betrachtung eines Weltganzen war eine großartige Idee, geschrieben während einer Lebensspanne, die fast zwanzig Jahre umfasste – während derer Humboldt seine vielen Forschungsreisen unternahm und sich mit anderen Gelehrten austauschte. Der *Kosmos* umfasste Mineralogie, Geologie, Pflanzen-, Tier- und Himmelskunde.

Die Natur als Ganzes über die Grenzen der Fachdisziplinen zu begreifen, ist ein tiefmoderner Gedanke, der heute zum Beispiel in der Chaostheorie, Stichwort »Schmetterlingseffekt«, eine entscheidende Rolle spielt – der amerikanische Meteorologe Edward N. Lorenz hatte den Begriff 1972 geprägt, in einem Vortrag, der den Titel »Verursacht der Flügelschlag eines Schmetterlings in Brasilien einen Tornado in Texas?« trug.

Alles hat Auswirkungen auf alles; um Zusammenhänge zu begreifen, bedarf es einer Gesamtschau der Dinge. Humboldt hatte das auf seine Weise längst erkannt. Die Chaostheorie lehrt uns, dass auch bei deterministischen Vorgängen nur kleine Abweichungen in den Ausgangsbedingungen ganz andere Ergebnisse hervorbringen können. So kann der Flügelschlag des Schmetterlings als kleine Abweichung zu Beginn eines Wetterszenarios eine ganz andere Entwicklung des weiteren Wetterverlaufs bewirken. Mit anderen Worten: Es genügt nie, nur eine Seite zu betrachten, unsagbar viele Einflüsse müssen berücksichtigt werden – wegen der Komplexität der natürlichen Abläufe und der Empfindlichkeit bezüglich kleinster Details, die am Ende den Ausgang bestimmen.

Ohne allzu kulturpessimistisch klingen zu wollen: Das Ganze überblickt heute kaum jemand. Um beim Wetter zu bleiben: Wie schwer wir uns damit tun, den Klimawandel und seine genauen Ursachen zu verstehen, ist nur ein Beispiel dafür. Spezialisten haben unterschiedliche Ansichten, Sonnenflecken werden gegen CO_2-Kurven ausgespielt. Es bräuchte Gelehrte, die fächer- und disziplinübergreifend die wesentlichen Zusammenhänge erkennen. Vielleicht wäre das Studium zum Universalgelehrten, wie es ihn früher gab, eine lohnenswerte Einrichtung an den Universitäten. Um nicht missverstanden zu werden: Fortschritt in den Wissenschaften hängt natürlich vom Fortschritt in den Details ab, da gilt es zum Beispiel in der Doktorarbeit tiefe Bretter zu bohren. Aber in einer späteren Lebensphase könnte dann ein *studium universalis*, das auf einer starken naturwissenschaftlichen Ausbildung basiert, die geisteswissenschaftliche Durchdringung einbeziehen.

Die Kultur der Reparatur ist ein Paradebeispiel für ganzheitliches Denken, weil sie fachdisziplinspezifischen Wissens und technischer Fähigkeiten bedarf, die aus ganz unterschiedlichen Gebieten kommen müssen. Und weil sie mit der Verantwortung für die nachfolgenden Generationen einem übergeordneten Ganzen verpflichtet ist. Um die Grundlagen für eine solche Kultur zu schaffen, müssen Wissenschaft und Technik besser erklärt, aus den Labors und den Spezialistenzirkeln in die Gesellschaft hineingetragen werden. Nur so entsteht ein echter Dialog über Chancen und Risiken von Technik, der unserer Gesellschaft den Weg in die Zukunft ebnen kann. An meinem Lehrstuhl, eingebettet in das Zentrum für Wissenschaft in der Gesellschaft an der TU München, wird den Studenten vermittelt, wie sie so über ihr physikalisches Fachgebiet sprechen, dass sie nicht nur Fachkollegen, sondern alle interessierten Menschen erreichen. Sie lernen, dass Fortschritt nicht nur im Labor stattfindet, sondern immer auch inmitten der Gesellschaft, die sich mit der Technik auseinandersetzen können muss.

Ein Ort, der Wissenschaft und »Normalbürger« zusammenbringt, ist auch das gläserne Wissenschaftlerlabor des Deutschen Museums, wo man tagtäglich praktisch arbeitenden Wissenschaftlern über die Schulter blicken, mit ihnen in einen Dialog treten und zum Beispiel über Chancen und Risiken von Technologien wie der Nanotechnologie reden kann. Dabei wird der Besucher, der sonst nur passiv von technischen Entwicklungen betroffen ist, gewissermaßen zum Beteiligten – auch weil er in begleitenden Bürgerdialogen um sein Votum für die zukünftige Richtung von Forschung und Entwicklung und um seine Meinung und seinen Rat zu Anwendungsfragen gebeten wird. Gleichzeitig aber lernen Wissenschaftler, sich zu öffnen, sich auf einen gesellschaftlichen Dialog einzulassen, ohne den die Einführung neuer Technologien nicht möglich ist. Vertrauen entsteht am besten durch den persönlichen Austausch von Argumenten.

Neben Humboldt steht daher auch Oskar von Miller (1855–1934), der in München geborene Bauingenieur und Begründer des Deutschen Museums, für die Idee der Gesamtschau: mit dem Plan, fünfzig Bereiche der Naturwissenschaft und Technik an einem Ort zu versammeln, um den Menschen die fächerübergreifenden Zusammenhänge von Erkenntnisfortschritt begreifbar zu machen. Eine Museumsgestaltung, wie man sie heute kaum mehr verwirklichen könnte, allein schon weil es extrem schwierig ist, die riesige Menge an Detailwissen heutiger Fachdisziplinen samt Originalexponaten an einem Ort in einem Konzept unterzubringen. Nur die paradigmatische Auswahl kann in heutigen Museen sicherstellen, dass Menschen die Zusammenhänge einer immer komplizierter werdenden Welt verstehen. Während das Internet die Informationen in unüberschaubarer Menge und unterschiedlicher Qualität liefert, ist dort, wo sich Menschen beim realen Exponat versammeln, die persönliche Begegnung entscheidend: die mit den Objekten und mit den Erklärern wie den genannten Wissenschaftlern oder Experten. Aus dieser Begegnung können dann Verständnis, Erkenntnis und letztlich Teilhabe entstehen. Die vielen zukünftigen Herausforderungen, welche auf die Menschheit zukommen, werden nur durch solch ein enges Zusammenwirken von Wissenschaft und Gesellschaft zu meistern sein, das ist meine feste Überzeugung.

Oskar von Miller schrieb zwar nicht wie Humboldt ein mehrbändiges Werk, aber er übertrug gewissermaßen dessen Kosmos-Gedanken auf einen Bildungsort. Im Deutschen Museum ist die Gesamtschau der Dinge verwirklicht: vom Bergwerk, wo die Materialien abgebaut, also die Ressourcen geholt werden, bis zur Verarbeitung in den Materialwissenschaften, den Werkzeugen und Maschinen, die man dazu braucht, der Elektrizität, der Stromübertragung und der konkreten Anwendung: in Produkten der Medizin, Nanotechnologie und Biotechnologie – aber auch der Pharmazie, Lebensmittelindustrie oder Brauereiwirtschaft. All dem liegen die Erkenntnisse der Naturwissenschaft, allen voran der Physik, der Chemie und der

Biologie zugrunde. Alles hängt miteinander zusammen, die Abteilungen verweisen aufeinander, wobei die Kreisläufe im Museum zeigen, dass alles, intellektuell und im materiellen Sinne, auf den gleichen Ressourcen aufbaut und die eine Technik bei der anderen gebraucht wird.

Verlorene Fähigkeit: Was Spezialisten nicht wissen können

Jemand, der an einem Produkt ständig nur eine Schraube montiert, kann sich nicht für das Gesamtprodukt verantwortlich fühlen. Die Gesamtschau der Dinge ist irgendwann während der Zeit der anlaufenden Industrialisierung durch das Zergliedern der Herstellungsprozesse in Einzelabläufe in den Hintergrund getreten. Ein Arbeiter in der Automobilindustrie, der für eine bestimmte Schweißnaht zuständig ist, wird beim Anblick eines Motors nur die Schultern zucken: »Wie der montiert wird, weiß ich nicht, ich mache ja Schweißnähte.« Auf diese Weise hat man sich vom Humboldt'schen Ideal entfernt.

Die zu ihrer Zeit sehr erfolgreiche Einführung des Fließbands hat exemplarisch zur Trennung des Tuns vom Denken in Zusammenhängen geführt. Ein Arbeiter bei Henry Ford musste nicht mehr wissen, wie ein Automobil im Gesamten funktioniert, wie man es baut, er musste nicht mehr überlegen, wie das eine in das andere überging, er musste nichts weiter tun, als allein einen Handgriff mehr oder weniger auswendig zu lernen, eine Bewegung auszuführen. Eine aus dem Gesamtzusammenhang herausgerissene eingeschränkte Tätigkeit war das Einzige, was er als Leistung auszuführen hatte. Charlie Chaplin demonstrierte in seinem Film *Moderne Zeiten* (1936), in dem er selbst eine Figur des Taylorismus darstellt, die Absurdität der Fließbandproduktion: Anfangs klappt es bei ihm noch, im Rhythmus der Maschinen den Schraubenschlüssel auf dem laufenden Band immer wieder in einer einzigen Bewegung anzusetzen. Doch dann gerät er in die Fänge der Maschine – um schließlich, wieder ausgespuckt und auf die Straße rennend, mit seinem Arbeitswerkzeug noch an einer Frau weiterschrauben zu wollen ...

Es geht mir nicht darum, Fließbandtätigkeiten oder die arbeitsteilige Produktionsweise abzulehnen. Aber manche Übertreibung hat eben auch negative Konsequenzen. Das Spezialistentum treibt unbestritten seltsame Blüten, auch in unserer heutigen Informationsgesellschaft. So hat die Entwicklung hin zu immer mehr Bürokratie auch darin eine ihrer Ursachen, dass immer mehr Spezialisten kleinteilig über immer detailliertere Vorgaben, Verordnungen, Vorschriften usw. wachen und zudem immer neue erfinden. Dass man eine Steuererklärung eigentlich nicht im Detail verstehen kann, ist zumindest zum Teil einer ausufernden Detailgerechtigkeit geschuldet. Dass immer mehr evaluiert, geprüft, Bedenken getragen und immer weniger angepackt wird, liegt auch, aber nicht nur an der Komplexität der Welt im dritten Jahrtausend. Selbstverständlich brauchen wir auch automatisierte Tätigkeiten. Sonst wäre eine Gesellschaft wie die unsere nicht mehr denkbar. Durch die existierenden technischen Möglichkeiten kann aber heutzutage auch ein Schweißroboter die Schweißnaht selbstständig ausführen, oder der Computer macht meine Steuererklärung mittels vorgeschriebener Verfahrungs-schritte (ich selbst brauche dann nur noch die Höhe meines Einkommens einzutragen). Expertensysteme auf Computern werden in Zukunft immer mehr wiederholbare oder monotone Arbeiten durchführen können, auch komplexere. Spezielle Programme, Expertensysteme, unterstützen zum Beispiel den Arzt dabei, eine computertomographische Aufnahme zu interpretieren. Sie können ihm dann auch die Art der »Reparatur« des identifizierten Problems vorschlagen.

Aber wer immer nur eine einzige Schweißnaht an einem Werkstück anbringt, wird kaum noch nach der Gesamtschau der Dinge fragen, wird kaum einen Überblick haben. Selbstverständlich muss es in unserer Gesellschaft Spezialisten geben. Darüber hinaus brauchen wir jedoch mehr Menschen, die das Entstehen und Wieder-Vergehen von Dingen einordnen können.

In dieser Perspektive zeigt sich, dass Reparieren mehr ist als die Arbeit mit dem Schraubenschlüssel. Zur Reparatur gehört das Wissen um die Herstellung selbst. Und das Bewusstsein für Kreisläufe: Heute endet das Leben von Produkten häufig schnell. Doch selbst wenn ich etwas nicht mehr reparieren kann, sollte ich einen Gegenstand, ein Produkt nicht einfach in den Müll werfen, sondern recyceln. Das Recyceln erfordert das Denken in Stoffkreisläufen. Was in früheren handwerklichen Gesellschaften aus ökonomischen Gründen selbstverständlich war und heute vielleicht noch in manchen Kulturen im Kleinen zu finden ist, wie z.B. bei den Eskimos, die alles bei ihren Fängen verwerten und nichts wegschmeißen, muss sich im 21. Jahrhundert erst wieder breit entfalten. Dazu ist ein Verständnis für die haptischen, mechanischen und auch elektrischen Vorgänge eines Gegenstands, eines Geräts, Voraussetzung. Wir haben es sozusagen mit einer der Kehrseiten der industriellen Revolution zu tun. Man kann es nicht so schlimm finden, dass uns der Kontakt zu den Dingen verloren gegangen ist. Die Industrie trägt hierfür auch keine direkte Verantwortung. Es gibt jedoch andere Auswüchse der Wegwerfgesellschaft, die damit in Zusammenhang stehen, die nicht im Geringsten zu akzeptieren sind. Mehr dazu im folgenden Kapitel.

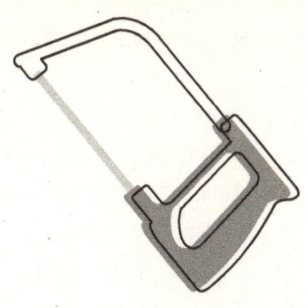

Die Anatomie der
Wegwerfgesellschaft

Obsoleszenz

Gegen den IT-Riesen Apple wurde 2003 eine Sammelklage erhoben, mit der Anschuldigung, der Konzern hätte mit Absicht Akkus in seine iPod-Abspielgeräte eingesetzt, die sehr kurzlebig seien. Weiter wurde angezeigt, dass die Akkus nicht austauschbar wären. Zum direkten gerichtlichen Nachweis kam es nicht, da Apple und die Kläger sich außergerichtlich einigten.

Im Allgemeinen sind Details der Technik heutiger Produkte so kompliziert, dass es schwierig ist, den Nachweis des Einbaus von gezielten Schwachstellen eindeutig zu erbringen. Das Problem der Obsoleszenz beginnt gerade erst virulent zu werden, also heißt es abwarten, was diesbezüglich noch an Urteilen gefällt wird. Klar ist jedoch, dass die Industrie ein Interesse daran hat, Produkte so herzustellen, dass ein Optimum an Materialeinsatz, Lebensdauer und Preis erreicht wird. Ihre betriebswirtschaftlich motivierte

Strategie hat dabei oft den Nachteil, dass Produkte nicht so lange halten, wie sie eigentlich – gebaut mit langlebigen Bauteilen und nach allen Regeln der Ingenieurskunst – halten könnten.

Der Kauf eines Radioapparats war für meine Eltern eine Anschaffung fürs Leben, das ist heute natürlich längst passé. Auch wenn Unternehmen keine Kunden mit Produkten vergrätzen wollen, die extrem schnell kaputtgehen: Es besteht der begründete Verdacht, dass die Lebensdauer der Produkte häufig eine exakt kalkulierte ist. Geplante Obsoleszenz nennt man dies, vom Controller berechnet, vom Kunden manchmal sogar gewünscht (wie beim Handy, das man nur ein Jahr benutzen möchte), manchmal mit Verdruss in Kauf genommen. Wenn eine Firma das Optimum aus Materialeinsatz und Preis erzielt, ist das zwar geplant, hat aber nichts mit Verschwörung zu tun: Ich kann dem Hersteller einer Festplatte nicht vorwerfen, dass er auf größere Kondensatoren verzichtet. Die wären zwar vielleicht langlebiger, aber auch riesig, so wie früher. Selbstverständlich baut er ganz bewusst kleinere und billigere Kondensatoren ein. Aber nicht, weil er tricksen will, sondern weil der Kunde kleinere Festplatten zu einem möglichst günstigen Preis möchte.

Neben der geplanten Obsoleszenz existiert so etwas wie eine funktionelle Obsoleszenz, die immer dann auftritt, wenn eine neue, bessere Funktion für ein Gerät entwickelt wurde. Wenn also der technische Fortschritt ein Produkt optimiert. Natürlich ist es nicht immer leicht zu entscheiden, wie groß im Einzelfall die Verbesserung ist und ob sie einen Gerätetausch, eine Neuanschaffung sinnvoll macht. In softwaregetriebenen Bereichen ist es angeraten, ein Augenmerk auf die sogenannte Aufwärtskompatibilität zu richten, die es ermöglicht, neue Software nicht sofort und bei jeder noch so marginalen Weiterentwicklung mit dem Vernichten alter Hardware verknüpfen zu müssen. Natürlich haben wir es auch mit einer psychologischen Variante der Obsoleszenz zu tun, wenn wir Konsumenten modischen Bedürfnissen folgen, die uns beispielsweise zum Neukauf eines Kleides oder eines designten Möbelstücks führen, obwohl die alten Produkte weiterhin funktionsfähig sind. Es ist im Interesse der Hersteller, die Nachfrage nach Ersatz hochzuhalten und ein für die Unternehmen optimales Verhältnis von teureren Qualitätsbauteilen und Herstellungsmethode zu erreichen.

Ich habe mich schon oft darüber geärgert, dass sich bei elektrischen Zahnbürsten oder Handys der Akku nicht austauschen lässt, wenn seine Lebensdauer zu Ende ist. Wäre dies möglich, hätte ich die Geräte weiter verwenden können.

Wenn auch noch viel Forschung nötig ist, um bessere Akkus herzustellen – das Thema Elektromobilität macht diese Aufgabe dringender denn je –, so könnte man von Seiten der Hersteller wenigstens eine Auswechselbarkeit vorsehen. Doch wie auch bei vielen Handys und anderen Consumer-Elektronikprodukten ist dies nicht möglich. Kaffeemaschinen streiken, nur wenige Wochen nach Garantieende, ähnlich ist es bei Waschmaschinen, deren Heizstäbe allzu früh versagen. Einen Teil des Problems haben wir selber in der Hand, z. B. über eine regelmäßige Wartung wie beispielsweise Entkalkung. Ein anderer Teil könnte über eine längere Gewährleistungspflicht geregelt werden. Dazu gehört auch das Vorhalten von Ersatzteilen für eine nötige Reparatur. Bei Computern werden statt langlebigeren Bauteilen kurzlebigere verbaut. Die Geräte sollen ihren Geist aufgeben, als hätte man ihnen eine innere Zeitschaltuhr eingebaut, die so eingestellt ist, dass ab einem bestimmten Punkt, nach einer genau definierten Anzahl von Benutzungen die Inbetriebnahme nicht mehr funktioniert. Auf der anderen Seite aber wollen die wenigsten Menschen Produkte benutzen, die hinsichtlich des technischen Standards (z. B. Größenminimierung bei Mobiltelefonen oder bei Festplatten, Speicherkapazität oder Energieeffizienz) völlig veraltet sind. Es gilt das rechte Maß zu finden zwischen intrinsisch und aus guten Gründen kurzlebigeren Produkten und solchen, deren Leben problemlos und ohne große Abstriche verlängert werden könnte. Diese Grenze haben vor allem wir Verbraucher zu ziehen, durch unsere Ansprüche und unser Kaufverhalten.

Feinstrumpfhosen bekommen zum Beispiel, wenn man mit einem scharfen Fingernagel hängen bleibt oder nachdem man sie soundso oft gewaschen hat, Laufmaschen, weil das Gewebe mechanisch nicht stabil genug ist und die Fäden reißen. Wir müssen uns, wollen wir das ändern, fragen, ob wir als Kunde bereit sind, mehr zu bezahlen. Denn viel hängt von den Materialien ab, bei denen meistens gilt: je teurer, desto haltbarer.

Manchmal hat der Verbraucher natürlich gar keine Möglichkeit, langlebige Produkte zu kaufen, weil es sie einfach nicht mehr gibt – oder sie zumindest sehr selten geworden sind. Ändern wird sich das nur, wenn wir wieder solche Produkte wertschätzen, für die wir vielleicht mehr zu zahlen haben, deren Langlebigkeit dies aber rechtfertigt.

Solche Grundsatzentscheidungen des Tandems Industrie-Verbraucher haben natürlich auch Auswirkungen auf die Beschäftigung: Wer langlebige Güter herstellt, produziert möglicherweise weniger und schafft weniger Jobs. Stelle ich aber auf der anderen Seite kurzlebige Güter her, schade ich der Umwelt. Wir brauchen das richtige Maß, müssen in Zeiten der aufziehenden Vollbeschäftigung abwägen.

Die ökologischen Folgen einer kurzen Lebensdauer von Produkten sind unter Umständen gravierend. Hinter unseren riesigen Müllbergen steckt zu einem großen Teil eine Aussage, die wir oft zu hören bekommen, wenn ein Produkt kaputtgeht: »Die Reparatur lohnt sich nicht mehr; das können Sie wegwerfen.« Für Ressourcen und Umwelt ist es daher in jedem Fall besser, reparierbare und langlebige Produkte herzustellen. Der Verbraucher hat es in der Hand, diesen Trend zu setzen. Im Idealfall kommen wir irgendwann dahin, dass Produkte mit dem

Hinweis beworben werden: Dieses Gerät lässt sich leicht reparieren.

Erfinder der definierten Lebensdauerbegrenzung, der geplanten Obsoleszenz, soll übrigens der Amerikaner Alfred P. Sloan gewesen sein. In den zwanziger Jahren war er Präsident des US-Automobilkonzerns General Motors. In dieser Funktion ordnete er Veränderungen an Automobilen an, die den Kunden zum zeitigen Neukauf verführen sollten. Damit hatte er aber noch nicht die Strategie entwickelt, schon während des Produktionsprozesses Schwachstellen einzubauen, die zu einem ähnlichen Ziel führten. Das aber taten andere. Sie benutzten bewusst Rohstoffe, die von schlechterer Qualität waren, um die Produkthaltbarkeit zu vermindern. Heute werden Lebensdauerbegrenzungen eher eingebaut, um das betriebswirtschaftliche Optimum zu erreichen. In manchen Fällen wird der Verfall aber auch richtiggehend angeordnet: 2009 wurde die Abwrackprämie für Kraftfahrzeuge in Deutschland im Rahmen des Konjunkturpakets II eingeführt, eine staatliche »Umweltprämie«, bei der 2500 Euro gewährt wurden, wenn man seinen alten Pkw verschrotten ließ und im selben Jahr einen Neuwagen anmeldete.

Die Obsoleszenz weckt im Gespann mit der Werbung in uns Verbrauchern Bedürfnisse, die ursprünglich nicht vorhanden waren: unter Jugendlichen etwa der Wunsch, immer mit dem neuesten Handy oder den angesagtesten Klamotten ausgestattet zu sein. Ein fragwürdiges Verhalten angesichts der auf unserer Erde lebenden Zahl von Menschen, bei denen nicht einmal die Grundbedürfnisse gestillt sind und die wir von unserer »wunderbaren« Wohlstandswelt ausschließen. Menschen, die hungern, die nichts zum Anziehen besitzen, die keine Wohnung haben und keinen Zugang zu Bildung.

Langlebigkeit hat ihren Preis

Seit ungefähr sechs Jahren bin ich Stammgast beim *Sonntagsstammtisch*, einer live ausgestrahlten wöchentlichen Sendung im Bayerischen Fernsehen. Helmut Markwort, Herausgeber des *Focus*, Dieter Hanitzsch und ich laden zwei Gäste ein, und es wird über Gott und die Welt geredet. Ein besonderer Moment ist immer die Frage unseres Moderators Markwort nach dem freudigsten und frustrierendsten Erlebnis der vergangenen Woche. Während Dieter Hanitzsch als begnadeter Karikaturist zur Veranschaulichung stets ein Blatt Papier zur Hand nimmt, ist es für mich oft die Gelegenheit, ein technisches Exponat mitzubringen. In einer Sendung war es ein auf dem Freimanner Nachbarschafts-Flohmarkt erstandenes Handmassagegerät aus den sechziger Jahren. Meine Freude über dieses Gerät betraf nicht nur das gelungene Design – schon der Kasten, in dem es sich befindet, ein mit azurblauem Schlangenlederimitat überzogenes Köfferchen, aber auch der Handapparat aus Bakelit mit tiefroten Aufsteckbürsten zum Auswechseln sind absolute Hingucker.

Modemacher Willy Bogner war in besagter Sendung zu Gast, und er interessierte sich noch nach ihrem Ende sehr für die Details der Verarbeitung, die exzellent waren, sah das Gerät doch, obwohl über fünfzig Jahre in Benutzung, fast wie neu aus. Zumindest funktionierte es noch einwandfrei. Design, Optik, Verarbeitung und technische Qualität, das sind ja auch für sein Sportunternehmen wichtige Kenngrößen. Als Hobbyflugzeugpilot versteht er zudem etwas von Technik. Seine Bemerkung, eine solche Wertarbeit sei ja heute kaum noch bezahlbar, veranlasste uns zu einer langen Diskussion über das Verhältnis von Preis und Langlebigkeit. Wenn ein Reißverschluss bei einer Jacke für 30 Euro kaputtgeht, kann man es niemandem verübeln, dass er keinen neuen einnähen lässt, gerade wenn der Fachmann oder die Fachfrau dafür einen Preis verlangt, der den der Jacke überschreitet. Nicht so bei einer teureren Jacke. Hier rentiert sich die Reparatur eher. Und sie kommt im Schnitt, denn auch manch teures Produkt ist schlecht verarbeitet, deutlich seltener vor, denn es werden haltbarere Reißverschlüsse verarbeitet. Die Umweltbilanz ist eine bessere.

Genauso verhält es sich mit einem Anzug im Zwanziger-Jahre-Stil, den ich von meinem Großvater geerbt habe. Man sieht, dass er mehrmals umgenäht worden ist, je nachdem, ob der Träger mal schlanker oder beleibter war, aber das war schon bei der Herstellung mit berücksichtigt, weil Langlebigkeit, Veränder- und Reparierbarkeit zur damaligen Zeit vernünftige Verkaufsargumente

für Produkte waren. Man gab daher nicht nur Ersatz-
knöpfe hinzu, auch mit Extrastoff und Extrafutter zum et-
waigen Herauslassen wurde nicht gegeizt. Heute wird bei
Kleidung stattdessen viel zu häufig mit heißer Nadel gestrickt – manchmal muss man eine Strickjacke nur aus
dem Schrank nehmen und anziehen wollen, schon fallen
die Knöpfe ab.

Natürlich wäre es wichtig, schon beim Kauf auf Quali-
tätsprodukte zu achten, und dazu gehört ganz gewiss auch
die Frage der Reparaturfähigkeit: ob Ersatzteile lieferbar
sind, ob zum Beispiel bei Geräten weniger geklebt und ver-
schweißt, sondern viel mehr verschraubt ist, ein Hinweis
auf spätere Reparaturfähigkeit. Da sich nicht jeder teure
Produkte leisten kann, ist es essenziell, auch bei günstige-
ren zu fordern, dass die Garantielaufzeiten mindestens
fünf Jahre oder sogar noch mehr betragen. Hersteller
könnten die Produkte langlebiger gestalten, ohne die
Preise in exorbitante Höhen steigen zu lassen – und Verbraucher würden mit dem Fokus auf ein langes Leben einen Blick dafür bekommen, wie kostbar der erstandene
Gegenstand ist: ein erster Schritt gegen die Ex-und-hopp-
Mentalität.

Firmen versuchen manchmal, Kunden mit falschen Be-
hauptungen hinters Licht zu führen. Zum Beispiel wird
behauptet, dass Waschmaschinen von Jahrzehnt zu Jahrzehnt leistungsfähiger geworden seien und dass sich ihre
Qualität auch daran ablesen lasse, dass sie mehr Funktionen und Programme besäßen. Es hat sich gezeigt, dass

dies nicht immer stimmt. Auch in der gehobeneren Preisklasse haben viele Geräte, speziell Elektrogeräte, ihre Schwachstellen. Gerade Waschmaschinenheizungen halten nicht mehr wie früher durchschnittlich fünfzehn Jahre. Heute, wie viele Elektroexperten wissen, müssen sie nach sieben, acht Jahren ausgebaut werden. Was dann wieder kaum noch lohnt, weil die Reparaturkosten sich fast mit den Kosten einer Neuanschaffung decken. So hat die Industrie wieder ein neues Wegwerfprodukt auf den Markt gebracht.

Vielleicht müsste man eine Form der Steuerung erfinden: So wie man als Kraftwerk für in die Umwelt abgegebenes CO_2 Emissionszertifikate kaufen muss, müssten Firmen, die auf Kurzlebigkeit ihrer Produkte setzen – ich spreche hier nicht von der Haltbarkeit einer Mettwurst, wobei die Kurzlebigkeit von Lebensmitteln ebenfalls ein interessantes Thema ist, sondern von technisch oder manuell hergestellten Waren –, mit einer Abgabe belegt werden: weil sie dadurch die Umwelt mehr schädigen als solche, die auf langlebige Produkte setzen. Außer sie sind zu hundert Prozent recycelbar.

Es war bereits sehr sinnvoll, technische Geräte wie Kühlschränke, Herde oder Waschmaschinen mit Plaketten auszuzeichnen, die auf ihre Energieeffizienz hinweisen. Warum sollte man keine Langlebigkeitsklassen fordern und vergeben, es müssen ja nicht immer gleich Steuern und Sanktionen sein? Das könnte auch in der Werbung eine Rolle spielen: »Unser Produkt ist langlebiger als das von der Konkurrenz.« Hip ist dann nicht mehr das neueste Handy, das ich auf dem Schulhof in der Hand halte, sondern dasjenige, das den Sturz auf den Boden überlebt und überhaupt am längsten hält.

Die Schwimmbadpumpe

Schlechtes Produktdesign kann aber auch so aussehen: Eines Tages war bei uns zu Hause die sicher zwanzig Jahre alte Schwimmbadpumpe defekt. Nicht jeder hat eine Schwimmbadpumpe im Blickfeld, wenn er an Reparaturen denkt, aber in unserem Haushalt gibt es nichts, was meinen Reparaturanstrengungen entkommen kann. Eines Tages traf es eben die Schwimmbadpumpe. Irgendetwas schien da Rost angesetzt zu haben, und als ich sie aufgrund der Verrostung mit etwas zu brachialer Gewalt vom Motorgehäuse trennen wollte, zerbrach sie. Bei dem Hersteller, der immerhin noch existierte, erkundigte ich mich, was eine neue Pumpe kosten würde. 2300 Euro, erhielt ich zur Antwort. Sie war deshalb so teuer, weil sie nur in Einheit zusammen mit dem Motor lieferbar war: Die Krux bei diesem Gerät bestand in der wasserdichten Kopplung von Pumpengehäuse und Antriebsdrehstrommotor, der bei mir noch in Ordnung war. Deshalb sah ich auch nicht ein, einen neuen zu erstehen.

Natürlich hatte ich, der Rost wies darauf hin, die regelmäßige Wartung versäumt, diese Nachlässigkeit rächt sich irgendwann einmal. Aber ich fühlte mich auch herausgefordert zu untersuchen, ob sich nicht nur ein neues Pumpengehäuse an den alten Motor anflanschen ließ, ohne die gesamte Einheit von Motor und Pumpe neu kaufen zu müssen. Ein wenig fühlte ich mich an die typische Situation erinnert, wenn ein Autobesitzer in die Werkstatt kommt und erfahren muss, dass wegen eines defekten Auspuffkrümmers gleich der ganze Auspuff ersetzt werden soll. Oder wenn in einem Röhrenfernseher eigentlich nur der Zeilentrafo erneuert werden müsste, man aber von sogenannten Experten zu hören bekommt, dass gleich die gesamte Elektronenstrahlablenkeinheit ersetzt werden müsse. Natürlich ist dieses Beispiel im Zeitalter des Aussterbens von Röhrenfernsehern eher ein historisches, aber ich habe es so erlebt.

Erneut rief ich bei dem Unternehmen an und erklärte, ich würde gern nur die Pumpe kaufen, ohne Motor. »Aber wieso das denn? Dieses Produkt können Sie nur komplett erstehen«, erwiderte ein Mann am anderen Ende der Leitung, und auch die im Schwimmbecken befindliche Einlasseinheit sei mitzukaufen, getrennt gäbe es das nicht. Bei der Gelegenheit sei zudem zu überlegen, gleich eine neue Steuerung zu erstehen, natürlich für gewisse Extrakosten. Auf meinen Einwand hin, dass die Steuerung, die sich im Wesentlichen unter Wasser befindet und die außerhalb des Beckens liegende Pumpe einschaltet, doch vollkommen in Ordnung sei, murmelte mein Gesprächspartner etwas, das wie »Garantieübernahme« klang. Aha, dachte ich, ein »guter« Verkäufer, schön und gut, aber wo bleiben die ökologischen Bedenken, vollkommen intakte Teile auszuwechseln?

Da ich auf die »Garantieübernahme« nichts erwiderte, setzte der Verkäufer das Telefonat fort: »Sie wollen also nur ein Ersatzteil in Form der Pumpe?«

»Genau, ich möchte ein Ersatzteil.« Wir kamen der Sache schon näher, ich fühlte mich ein wenig besser verstanden.

»Gibt es nicht mehr. Zu alt.«

»Was heißt da zu alt?«, fragte ich nach.

»Wir haben inzwischen ein neues Modell.«

Aha, ein neues Modell. Aus meiner Sicht war das neue Modell der eigentliche Grund, warum ich daran gehindert werden sollte, das alte Gerät zu reparieren. Dessen Aufgabe, nämlich Wasser für die Gegenstromanlage umzupumpen, war aber exakt die gleiche geblieben wie vor zwanzig Jahren, als der Erbauer unseres Schwimmbads sie eingebaut hatte. Das interessierte die Firma, die diese Pumpen herstellte, aber wenig. Ich sollte gefälligst den Nachfolgetyp kaufen, der noch nicht einmal effizienter war als das Vorgängermodell, wie ich durch Nachfrage herausbekam. Es hatte schlichtweg ein Modellwechsel stattgefunden, der eine Inkompatibilität mit dem alten Motor zur Folge hatte: eine gewollte Inkompatibilität.

Ein wunderbares Gegenbeispiel für diese Erzeugung von Nichtreparierbarkeit ist die Küchenmaschine Mixi, wie sie meine Mutter vor fast fünfzig Jahren erstanden und laufend zur Zerkleinerung von Gemüse, zum Kneten von Teig oder zur Herstellung jener wunderbaren Bananenmilch benutzt hatte, deren Geruch mich heute noch daran erinnert, wie wir Kinder in der Küche auf das Ergebnis dieses kleinen Wundermixers warteten. Oder auf die Erdbeermilch aus den am Nachmittag von uns im Wald gepflückten Erdbeeren, unübertroffen im Aroma und im Geruch. Diese Küchenmaschine befindet sich bis heute im Gebrauch, und als der Dichtungsring, der das Glasgehäuse vom Motorrotor trennt, nach diesen vielen Jahren (Polymere degradieren, das weiß man) porös und damit defekt wurde, sah ich ein riesiges Problem der Reparatur auf mich zukommen, schließlich musste es schwer sein, an Ersatzteile eines Geräts aus den 50er Jahren zu gelangen. Aber dann kam die Überraschung: Bei der Untersuchung der Küchenmaschine entdeckte ich am Gehäuseboden nicht nur ein nach Jahrzehnten der Benutzung verständlicherweise kaum mehr lesbares Typenschild, sondern auch den Hersteller beziehungsweise den Vertrieb. Die vierstellige Postleitzahl und die kurze Telefonnummer machten mir schnell klar, dass ich da nicht mehr anzurufen brauchte. Aber im Internet fand ich heraus, dass es die Firma offensichtlich immer noch gab.

Meine Erwartung war nicht allzu groß, umso überraschter war ich zu hören, selbstverständlich gäbe es noch die Wartung und die Ersatzteile, ja, auch neue Aufsatzteile für andere Einsatzzwecke könnte ich erstehen. Und das nach beinahe fünfzig Jahren. Die Firma müsste einen Preis für nachhaltiges Wirtschaften erhalten.

Aber zurück zu meinem Problem mit der Schwimmbadpumpe. Ich outete mich in diesem Gespräch nun als Technikfan, der eine gewisse Bewunderung für die Mechanik und die Funktionsweise dieser Geräte hat, und im Laufe des Gesprächs verriet mir der Mitarbeiter, es könnte womöglich noch bei einem Kollegen so ein altmodisches Modell eines für meinen Motor passenden Pumpenaufsatzes herumliegen. Er würde sich schlaumachen. Einige Zeit später meldete sich dieser Kollege auch, meinte aber leider, diese Pumpe existiere nicht mehr. Das Ganze ging also wieder von vorne los.

»Und kann ich denn wenigstens die Pumpe des neuen Modells als einzelnes Teil erwerben?«, fragte ich.

»Das können Sie«, antwortete der Mitarbeiter.

»Und was kostet sie in diesem Fall?«

»Mmh ... das abgestrippte Modell ist für rund 1000 Euro zu haben.«

Immerhin. Das war um einiges günstiger als das Komplettmodell. Ich ließ mir nun noch einige Daten geben, um die Pumpe selber anbringen zu können, mit all den nötigen Wasserschläuchen. Er vermittelte sie mir in einem sachlichen Ton, nichts wies darauf hin, dass ich aufs Glatteis geführt wurde. Danach war das Gespräch beendet.

Mit meinem Reparaturwillen hatte ich mich erdreistet, mich durch das Geschäftsmodell hindurchzumogeln: indem ich nicht die gesamte Pumpenmotoreinheit erstand, sondern nur den Pumpenteil und die nötigen Anschlussbauteile. Andere Teile wie Schläuche mit Schellen konnte ich ja selbst beisteuern. Aber nicht nur das. Ich hatte zudem den ungehörigen Gedanken, zu einem Baumarkt zu gehen und mir die nötigen Zusatzteile selbst zu besorgen. Doch daran hatte der Hersteller der neuen Schwimmbadpumpe offensichtlich schon gedacht, denn bei seinen neuen Modellen hatte er aus Gründen, die technisch nicht nachvollziehbar waren, ein Gewinde für den Anschluss des Wasserschlauchs verbaut, das praktisch nicht aufzutreiben war. Es hatte nicht einen halben Zoll, nicht einen Zoll, auch nicht 2/3 oder zweieinhalb Zoll. Nein. Es hatte einen Durchmesser von 3/4 Zoll.

Während des Telefonats hatte bei mir noch kein Warnlicht aufgeblinkt. Erst als ich in einen Baumarkt ging und nach einem 3/4-Zoll-Gewinde fragte und man daraufhin nur den Kopf schüttelte, wusste ich Bescheid. Diese Reaktion wiederholte sich bei jedem Laden, den ich betrat. Selbst Spezialgeschäfte sahen sich nicht in der Lage, ein derartiges Gewinde zu bestellen.

Warum machte die Pumpen-Firma das bloß, überlegte ich. Als ich entsprechende Literatur konsultierte, konnte ich zwar feststellen, dass 3/4-Zoll-Gewinde unter eine DIN-Norm fielen, was aber nichts nützte, wenn niemand sie auf Lager hatte. Noch dazu hatte meine alte Pumpe eines der ganz üblichen Gewinde. Eigentlich konnte ich mir meine selbst gestellte Frage schnell beantworten: Der Betrieb, der die Schwimmbadpumpen produzierte, wollte auf diese Weise verhindern, dass ein ganz normaler Reparateur mit gewöhnlichen Baumarktteilen ein defektes Gerät wieder in Gang setzen konnte. Anders konnte ich es mir nicht erklären.

So klar dies die Absicht des Unternehmens sein musste, so sicher war ich mir, dass ich einen Weg finden würde, um meinen Plan doch noch in die Tat umzusetzen. Mein Ehrgeiz war geweckt.

In einem weiteren spezialisierten Werkzeugladen, den ich mit meinem Ansinnen aufsuchte, hatte mir – ich kannte es ja schon – ein junger Angestellter zu verstehen gegeben, dass sie das Gewinde nicht hätten. Doch ein älterer Mitarbeiter, der aufgrund von früheren Einkäufen eine gewisse Sympathie für mich hegte, mischte sich ein: »Ja mei, der Herr Heckl will immer alles selbst reparieren, da müssen wir doch mal schaun, ob wir nicht eine Möglichkeit finden.«

Ich erzählte noch einmal ausführlich mein Problem, meinte, ich bräuchte ein Gewinde, das wohl DIN-Norm hätte, aber gleichsam nicht existent sei, einzig in der Firma, die diese Schwimmbadpumpen herstellt. Und natürlich sei die nicht darauf aus, mir das Gewinde als Einzelteil zu verkaufen.

»Diese Tricks kenne ich«, sagte der Ladenangestellte, nachdem er mir aufmerksam zugehört hatte. »Aber es gibt eine Chance.«

»Eine Chance?« Ich wurde hellhörig.

»Ja, Sie können um das Problem herumkommen. Es gibt in München einen Eisenwarenhandel, einer, in dem nur die Profis einkaufen, wo man eine spezielle Kundennummer braucht. Aber davon würde ich mich an Ihrer Stelle nicht abschrecken lassen. Man will da nicht an Laien verkaufen, aber so ein ganz blutiger Anfänger sind Sie ja nun auch nicht. Nur Rabatt bekommen Sie dort nicht. Falls die das Gewinde haben, werden Sie es normal bezahlen müssen.«

Das hinderte mich natürlich nicht daran, den Eisenwarenhandel zu betreten. Einzig und allein interessierte mich dieses außergewöhnliche Gewinde.

»Und gehen Sie am besten am späten Nachmittag hin«, fügte der Mann noch als Tipp hinzu, »vormittags laufen da die Handwerker von den Baufirmen auf, da hat man als jemand, der keinen Blaumann trägt, bei den Verkäufern einen schwierigen Stand.« Das kannte ich schon aus anderen Zusammenhängen. Vielleicht sollte ich mir mal einen blauen Arbeitskittel zulegen, dachte ich.

»Danke!«, rief ich dem Angestellten zu und war schon aus der Tür, nachdem ich noch die Adresse erfahren hatte.

Und wirklich: Ohne große Schwierigkeiten bekam ich dort mein Gewinde. Und auch die zwei benötigten Schellen, die zusammen 105 Euro kosteten; es war schon ein teures Material.

Jetzt hatte ich alle Teile beisammen und auch die neue Pumpen-Version bei der geschäftstüchtigen Firma erstanden. Mit einem Freund begann ich dann an einem schönen Samstagnachmittag mit dem Einbau der Pumpe. Ohne den Freund, einen Elektromeister, da war ich mir sicher, hätte ich bestimmt nicht die richtigen Anschlüsse gefunden: Er ließ mich machen, holte mich aber immer wieder aus Sackgassen heraus.

Wenn man so will, habe ich mich mit meiner Vorstellung der Selbstreparatur antikapitalistisch verhalten. Na ja, vielleicht nicht gerade antikapitalistisch, aber auf jeden Fall antimarktwirtschaftlich. Ich ersetzte nur ein defektes Teil und nicht das gesamte Modell, was womöglich die Wirtschaft weiter angekurbelt hätte. Dann hätte ich jedoch auch materielle Ressourcen verschwendet, und was vielleicht noch viel wichtiger ist: Ich wäre um eine Erfahrung ärmer.

Beim Ersatz von Einzelteilen ist zu berücksichtigen, dass unterschiedliche Bauteile in einem Gerät unterschiedlich häufig gebraucht werden und daher bei einer vernünftigen Konstruktion deren Lebensdauer auch darauf eingestellt wird. Die Nebelschlussleuchte eines Fahrzeugs etwa wird natürlich weniger benutzt als das Abblendlicht oder das Fernlicht und die beiden auch noch unterschiedlich häufig. Daher liegt es sowohl im Interesse des Kunden als auch der Volkswirtschaft und der Umwelt, die Lebensdauer eines komplexen technischen Produktes nicht generell zu begrenzen, sondern möglichst genau das Einsatzprofil der unterschiedlichen Baugruppen zu berücksichtigen. Wenn schon etwas kaputtgeht am Ende einer langen Lebensdauer, könnte man sagen, dann möglichst viele Bauteile gleichzeitig und nicht eines so früh, dass alle anderen noch funktionsfähigen beim Wegschmeißen eines Gerätes gleich mit weggeworfen werden: ein typisches Optimierungsproblem für einen technischen Konstrukteur.

Es bleibt also festzuhalten: Wenn eine Pumpe, die zwanzig Jahre gut funktioniert hat, vom Hersteller gegen eine andere ausgetauscht wird, die nichts weiter machen soll als das, was schon das Vorgängermodell geleistet hat – und diese neue Pumpe dann nicht mehr kompatibel ist –, dann ist dies ein Beispiel für marktwirtschaftliche Auswüchse.

Man muss nur an die vielen unterschiedlichen Stecker denken, mit denen Akkus von Handys aufgeladen werden (zum Beispiel ist der des iPhone 5 mit so ziemlich allem auf dem Markt inkompatibel), oder an die verschiedensten Datenverbindungskabelnormen wie SCSI, USB, Firewire, Thunderbolt und wie sie alle heißen. Wir sind heute daran gewöhnt, ständig irgendwelche Akkus aufzuladen, leider mit praktisch bei jedem Gerät verschiedenem Ladegerät. Obwohl schon längst eine EU-weite Einheitlichkeit bei den Ladegeräten zumindest gleicher Produktklassen eingeführt hätte werden sollen, merke ich nichts davon und besitze natürlich auch selbst zig verschiedene Ladegeräte. Sogar die verschiedenen Generationen von Laptops ein und desselben Herstellers haben immer neue Anschlüsse. Um Modernität geht es dabei am wenigsten. Ziel ist neben Verbesserungen in der Datenübertragungsrate eben auch, Inkompatibilität zu erzeugen und damit Konsum und Wirtschaft anzukurbeln.

Es werde Licht:
das kurze Leben der Hardware

Ein Beispiel für beherztes Eingreifen des Gesetzgebers ist das aktuelle Verbot des Verkaufs von herkömmlichen Glühlampen und der damit einhergehende Einsatz von energiesparenden Leuchtmitteln, die eine bessere Effizienz als Glühlampen haben: Hierzu ist zu bemerken, dass es richtig ist, dass Energie eingespart werden muss. Die Frage ist nur, ob man von Gesetzgeberseite hier an der falschen Stelle angesetzt hat. Natürlich heizt eine übliche Glühlampe die Wohnung auf, weil über 90 Prozent des eingesetzten Stroms in Wärme umgewandelt werden, die vielleicht nur im Winter im Haushalt gebraucht wird und auch dann nicht die effizienteste Form einer Wohnungsheizung darstellt. Aber es ist nicht transparent, was die zum Teil schwermetallbelasteten Energiesparlampen bei ihrer Herstellung und beim Recycling an Ressourcen verbrauchen. Jedenfalls liest man unterschiedliche Zahlen, wenn man die diversen Analysen zum Gesamtzyklus technischer Gebrauchsgegenstände hinsichtlich Herstellung, Lebensdauerparameter und Entsorgung zu ergründen versucht.

Zumindest eines ist klar: Die neuen Leuchtmittel sind im Kaufpreis viel teurer als die Glühlampen, und das kann nur durch längere Lebensdauer verbunden mit einem geringeren Energieverbrauch, unter unbedingter Einbeziehung der ökologischen Herstellungs- und Entsorgungskosten, gerechtfertigt werden. Keine einfache Rechnung.

Denn tatsächlich machen die Kosten für Beleuchtung gerade mal 1,5 Prozent des gesamten Energiebedarfs in Deutschland aus – selbst mit den energieineffizienten Glühbirnen, die jetzt verbannt werden. Da führt man an einer Stelle einen Kampf, der wie der von Don Quichotte mit den Windmühlen anmutet. Angesichts der Möglichkeiten, Energie in weitaus größerem Maßstab zu sparen, sollte man hier die Kirche im Dorf lassen. Bekanntlich liegt ein viel größeres Energieeinsparpotenzial in effizienteren Heizungsanlagen, Wärmedämmung und neuen Methoden, Strom und Wärme gekoppelt herzustellen.

Denkbar wäre auch ein flächendeckenderer Einsatz von Halogenleuchten. Mit ihnen lassen sich 30 Prozent Energie sparen, aber auch sie werden 2016 verboten. Und LED, Licht emittierende Dioden? Möglicherweise sind sie die Leuchtmittel der Zukunft, auf alle Fälle handelt es sich um eine schöne Technologie. Sie verbrauchen viel weniger Energie als eine herkömmliche Glühlampe, jedenfalls in Bezug auf Wärme- und Lichtleistung. Auch bei den LED-Leuchten hat man jedoch meiner Meinung nach den Gesamtstoffkreislauf noch nicht vollständig beachtet, obwohl sie meines Erachtens die Zukunft sein werden. Es geht eben nicht allein um den Energieverbrauch beim Betrieb der Lampe, sondern mit einzurechnen ist auch der Energieaufwand, der zur Herstellung des jeweiligen Leuchtmittels erforderlich ist – und die Entsorgung, bei der Energiesparlampe die Entsorgung von Quecksilber. Ginge es nur um den Betrieb, sähe die Bilanz anders aus.

Glühbirnen haben überhaupt ihre eigene Geschichte. Mit ihnen ist der bekannteste Fall einer Art geplanter Obsoleszenz verbunden, über den man immer wieder lesen kann. Es gab in den 1950er Jahren eine Verschwörung von Glühbirnenfabrikanten – sie ging als Phoebuskartell in die Geschichte ein. An ihrem Beginn stand ein diskretes Treffen der Fabrikanten, bei dem sie entschieden, die Brenndauer der Leuchten zu ändern. Es könne nicht sein, dass die so lang ihren Dienst täten, schließlich wollte man ja verkaufen und kein »ewiges Licht« kreieren. Damit war der Tod langlebiger Glühbirnen eine beschlossene Sache: Man reduzierte die Leuchtdauer von 2500 auf 1000 Stunden. Doch die Absprache flog auf, und die verkürzte Lebensdauer wurde gerichtlich verboten. Firmen wie Philips, General Electric oder Osram veränderten aber nicht wirklich etwas Grundlegendes an ihrer Praxis der kurzlebigeren Leuchten. Man kann erahnen, wie viel Geld Fabrikanten mit internen Absprachen verdienen können, ähnlich wie bei Kartellbildungen. Auf der anderen Seite muss man bedenken, dass es auch heute Spezialbirnen zu kaufen gibt, die zum Beispiel bei Ampelanlagen oder in bestimmten schwer zugänglichen oder sicherheitsrelevanten Orten zum Einsatz kommen, die sehr wohl eine drastisch verlängerte Lebensdauer von mehreren Tausend Stunden haben.

Die älteste durchgehend im Einsatz befindliche Glühlampe brennt bei der Feuerwache in der kalifornischen Stadt Livermore schon seit mehr als hundert Jahren, genauer gesagt seit 1901, beinahe kontinuierlich – nur für einen Umzug 1976 in ein neues Gebäude für die Feuerwehr wurde sie einmal kurz ausgeschaltet. Die Livermore-Birne brennt mit sehr geringer Lichtleistung, sodass die Glühwendel, die aus Wolfram bestehen – ein Material, das hohe Temperaturen aushält –, nicht so schnell abdampfen und letztlich durchbrennen können. Betreibt man die Glühbirne mit geringerer Stromstärke, so wird sie weniger heiß, und sie lebt länger, die Lichtausbeute ist im Vergleich zur Wärmeabgabe dann natürlich geringer, was mit einer Verschiebung des Farbspektrums von weißem Licht in Richtung rotes, wärmeres Licht einhergeht.

Der Physiker und Journalist Andreas Hirstein bezeichnete in der *Neuen Zürcher Zeitung* vom Januar 2013 die geplante Obsoleszenz, die von einem von den Grünen in Auftrag gegebenen Bericht bis zu einer kürzlich gesendeten Ausgabe von Ranga Yogeshwars Wissenssendung *Quarks & Co.* in aller Munde ist, als modernes Märchen der Konsumkritik. Er schreibt: »Würde man eine 100-Watt-Birne so betreiben, dass sie so viel Licht spendet wie eine 60-Watt-Birne, würde sie zwar 10 000 Stunden überleben, dabei aber 78 Watt Strom verbrauchen – ein ökologisches Fiasko und finanziell ein Verlustgeschäft für den Kunden.«

Für den Kunden stimmt dies, doch man muss die Angelegenheit auch volkswirtschaftlich betrachten, also alle sonstigen Kosten mit einbeziehen. Eine kurze Abschätzung hierzu: Will ich wie im obigen Beispiel mit einer 100-Watt-Birne die gleiche Helligkeit erzielen wie mit einer 60-Watt-Birne, bräuchte ich für 10 000 Stunden Betriebsleistung statt zehn Birnen mit jeweils herkömmlicher tausendstündiger Betriebsleistung nur eine Birne. Das heißt: Bei einem Preis von 2 Euro pro Birne zahle ich statt 2 Euro für eine 100-Watt-Birne 20 Euro für zehn 60-Watt-Birnen bei gleicher Helligkeit und 10 000 Betriebsstunden. Nun zu den Stromkosten: Beim Niederwattbetrieb mit 78 Watt und 10 000 Stunden zahle ich Stromkosten von 195 Euro (bei 25 Cent pro Kilowattstunde), also 45 Euro mehr, als der 60-Watt-Betrieb von zehn Birnen für jeweils 1000 Stunden kosten würde. Dies ist natürlich gegenüber der Einsparung von 18 Euro im Kaufpreis kein gutes Geschäft. Es verbleibt aber die Frage, wie viel volkswirtschaftliche und Umweltkosten die Herstellung von zehnmal so vielen Glühbirnen verursacht. Das ist schwierig zu rechnen, weil es natürlich darauf ankommt, wie ich zum Beispiel die Rohstoffe preislich ansetze, wie das Wasser, die Energie zur Herstellung, die anteiligen Kosten für Transport, Lagerung, für Vertrieb und Marketing, für den CO_2-Ausstoß bei der Herstellung und bei der Entsorgung, beim Recycling, für Bau und Einrichtung von Mülldeponien usw. Wären diese Kosten im gewählten Beispiel für die neun zusätzlichen Birnen größer als 27 Euro (also 3 Euro pro Birne), so wäre der Niederwattbetrieb von einer 100-Watt-Birne doch sinnvoller, abgesehen davon, dass ich nicht Glühbirnenwechselvorgänge auszuführen habe. Eine Alternative wäre es noch, bei der Herstellung der Birne gleich eine dickere Glühwendel vorzusehen. Natürlich bedingte das einen etwas höheren Materialeinsatz, hätte aber auch eine viel längere Lebensdauer im Normalbetrieb zur Folge.

Was aus diesen Rechenbeispielen deutlich werden soll: Von Zufall kann bei der Lebensdauer von Glühbirnen nicht gesprochen werden, sie ist ein gewolltes Resultat einer Industriepolitik, bei eingeschränkter Betrachtung der Gesamtkosten, deren Berechnung weitaus komplexer, vielleicht sogar unmöglich ist. Und wie sieht es bei anderen Produkten aus?

Grundsätzlich ist es gang und gäbe, dass in Geräten Bauteile eingesetzt werden, die nach einer gewissen Zeit nicht mehr funktionieren – obwohl man auch langlebigere Teile hätte verwenden können. Jedes vom Menschen hergestellte Gerät und jedes Bauteil hat eine gewisse Lebensdauer, das ist nichts Neues. Sie kann von Millionen von Jahren wie bei einem Steinwerkzeug aus der Vorzeit des Homo sapiens über Tausende von Jahren wie im Fall von in Stein gemeißelten Hieroglyphenschriften und hundert Jahre bei Kurz-, Mittel- und Langwellenradiogeräten mit hochwertigen Kondensatoren und Widerständen bis zu zwei Jahren bei akkubetriebenen Handys reichen. Entscheidend ist, ob eine Reparaturfähigkeit mit vertretbarem Aufwand im Design vorgesehen ist, und zwar bis zu einem Zeitpunkt, an dem sie noch Sinn macht. Dies muss für jedes einzelne Produkt im Hinblick auf die Vorteile, die der Fortschritt der Technik mit sich bringt, und im Hinblick auf die Recyclingsituation, die Ressourcenlage auf der

Erde sowie die ökologische und energetische Gesamtbilanz bestimmt werden. Dies ist nicht einfach, aber machbar.

Auch Software »spielt auf Zeit«

Aber es wird nicht nur bei Lebensmitteln, Glühbirnen, Waschmaschinen und sonstiger Hardware um die Lebensdauer eines Produkts gepokert. Auf dem Softwaresektor sieht es nicht viel besser aus. In der Computerbranche scheint das Erzeugen von oftmals ungerechtfertigter Nachfrage ganz normal zu sein, gerade was das Zusammenspiel von Herstellern von Soft- und Hardware betrifft. Die Softwareleute wollen ihre Komponenten immer noch ein wenig ausbauen, was dazu führt, dass der Arbeitsspeicher oder die Prozessorgeschwindigkeit des alten Computers nicht mehr ausreicht – bis man als User irgendwann genervt den Entschluss fasst, sich einen neuen Computer zu kaufen. Dabei ist für mich als einfacher Benutzer nicht einsichtig, warum es zum Beispiel immer wieder eine neue Textbearbeitungssoftware in aufgeblasener Version geben muss.

Es wird mehr Arbeitsspeicher benötigt, heißt es, alles soll schneller gehen, dabei tippe ich seit Jahrzehnten nicht schneller. Und ich denke auch nicht schneller. Warum muss ich mir nun dieses neue Programm mit den vielen zusätzlichen Funktionen herunterladen oder jenes Update? Die

Hardwareverkäufer verbünden sich in diesem Fall mit den Softwareverkäufern, oft sind es dieselben Firmen: »Blast die Programme auf«, ist die Devise, »sodass sie mehr Speicherplatz und schnellere Prozessoren verlangen!« Der Käufer stellt nach dem Installieren des neuen Word-Programms fest, dass plötzlich alles ganz schön langsam läuft. Unweigerlich wird ein neuer Computer gekauft, mit schnellerem Prozessor. Als Kunde habe ich davon wenig Vorteile, im Gegenteil, ich habe Geld ausgegeben, andere reicher gemacht und Computerschrott erzeugt. Natürlich gibt es auch sinnvolle Weiterentwicklungen, und keiner würde heute noch mit einem Sinclair ZX 80, das war mein erster Computer, arbeiten. Wenn man jedoch mit seinem Computer nichts anderes will als einen Text erstellen, ihn formatieren und korrigieren, speichern und schließlich vielleicht ausdrucken, wird durch die ständigen Umstellungen und die Vermehrung von Programmfunktionen alles nur komplizierter. So haben auch die Tools bei Word zum Beispiel ständig veränderte Plätze, ohne dass ich einen Sinn dahinter erkennen kann.

Kurz zurück zur Hardware: Im Internet hat sich herumgesprochen, dass bei bestimmten Spielekonsolen ein Fehler auftritt, für den man einen eigenen Namen kreiert hat: »Yellow Light of Death«. Es ist ein Materialermüdungsfehler bei der Playstation 3, der sich in zweierlei Hinsicht äußert: Zum einen kann man die Konsole ab einem bestimmten Zeitpunkt nicht mehr einschalten, zum anderen gehorcht sie nicht mehr, wenn die Disc herauskommen soll. Der Hersteller – Sony – konnte noch so sehr darauf hinweisen, dass es an Benutzerfehlern lag, da das darauf hinweisende »Yellow Light« aufleuchtete. Nach Benutzerangaben aber ist der Fehler im Gerät selbst verborgen. Ab einem bestimmten Zeitpunkt löst sich etwas im Innenleben der Playstation ab, nämlich eine Platine, was für das »gelbe Licht des Todes«, das Ableben des Geräts, verantwortlich ist. Ein »Konstruktionsfehler« wird vom Hersteller bestritten, obwohl er nur zu gern auftaucht, wenn gerade die Garantiezeit der Konsole von einem Jahr abgelaufen ist, wie Nutzer berichten. Der Fall ist also ungeklärt. Wie wollen wir als Verbraucher auch nachweisen, dass der Defekt dem Gerät von Anfang an innegewohnt hat.

Nur wenige Fälle sind so eindeutig und haben eine solche Aufmerksamkeit erreicht wie der eines Tintenstrahldruckers, über den in den letzten Monaten vermehrt berichtet wurde. In ihm hatte man anscheinend einen Chip installiert, der die Anzahl der Ausdrucke zählte. Ab einer bestimmten Menge gab es eine Fehlermeldung. Sie lautete: »Papierstau« – obwohl nirgendwo ein Blatt Papier eingeklemmt war, nicht einmal das geringste Fitzelchen. Wer immer nun meinte, ein solcher eher minimal erscheinender Defekt ließe sich doch sicher schnell und unkompliziert beheben, wurde laut Bericht eines Besseren belehrt. Genau konnte der Hersteller den Defekt auch nicht erklären, aber wer auch immer dem Problem auf den Grund gehen wollte, bekam nur eines zu hören: Die Reparatur lohne sich nicht, es sei sinnvoller, sich einen neuen Drucker zu kaufen. Und überhaupt, das neue Modell sei auch günstiger als das vorherige. Na, wenn das kein Verkaufsargument ist. Und außerdem: Hatte der Drucker nicht schon gefühlte Tausende Seiten gedruckt?

Von ähnlichen Problemen wurde auch bei Kameras berichtet, bei denen nach einer bestimmten Anzahl von fotografierten Bildern der Auslöser streikte. Der Austausch in entsprechenden Internetforen ergab, dass das kein Einzelfall war. Trotzdem, genaue und objektive Aufklärung fehlt in fast allen Fällen.

Unreparierbar: Design

Allerdings gilt, und da wären wir beim Thema Langlebigkeit beim nächsten Punkt: Immer häufiger werden Gerät und Akku so miteinander »verschmolzen«, dass eine Reparatur unmöglich wird. Ist der Akku eines Mobiltelefons oder einer elektrischen Zahnbürste kaputt, kann man im Grunde gleich das ganze Handy beziehungsweise die komplette Zahnbürste in den Müll werfen.

Als unsere Tochter meinte, ihre elektrische Zahnbürste würde nicht mehr aufladen, sah ich sie mir genauer an. Die Bürste hatte am unteren Deckel eine Schraube, wunderbar, dachte ich, da brauche ich das Gerät einfach nur aufzuschrauben, um an den Akku zu gelangen. Nachdem ich mit dem Schrauben fertig war, stellte ich fest, dass ich dennoch nicht an den 1,5-Volt-Akku herankam. Ich konnte es kaum glauben, doch ich hätte die Zahnbürste mit einer elektrischen Säge zersägen müssen, um den Akku auszutauschen. Ich machte noch ein Foto, um das Problem zu dokumentieren. Anschließend rief ich bei der Hotline der Zahnbürstenfirma an. Man teilte mir mit, es sei vergebliche Mühe, den Akku der Zahnbürste wechseln zu wollen. Falls die Zahnbürste ungeöffnet sei, könne man sie innerhalb von drei Jahren umtauschen. Dabei würde man aber auch nicht den Akku erneuern, sondern die ganze Zahnbürste zum Elektroschrott geben und eine neue verschicken.

Ich war empört: Warum beschweren sich eigentlich so wenige Verbraucher, ich bin doch sicherlich nicht der einzige Konsument, der diese Erfahrung macht? Vor meinem geistigen Auge lief eine Demonstration ab, auf der Tausende wild mit ihren Zahnbürsten herumfuchtelnd durch die Innenstädte zogen. In Wirklichkeit haben wir uns alle schon viel zu sehr daran gewöhnt, dass die Lebenszyklen von Produkten kurz sind. Wenn wir ein Handy länger als zwei Jahre mit uns herumschleppen (oder länger als der abgeschlossene Vertrag), denken wir, es wäre an der Zeit, dass mal etwas Neues herkommt. Konsum macht Spaß. Neues wird von uns mit Freude assoziiert, ein neues Mobiltelefon kann doch gar nichts Schlechtes sein.

Auf ähnliche Schwierigkeiten wie bei der Zahnbürste trifft man bei Staubsaugern, an deren Inneres man nicht herankommt, oder bei Autoscheinwerfern, bei denen man keine Glühbirnen mehr selbst auswechseln kann. Alles ist zugeschweißt, was zu einer endlosen Verschwendung führt. Ein Bekannter schrieb mir kürzlich: »Natürlich war ich auch ein großer Bastler vor dem Herrn ... Zu Hause war der Lötkolben quasi immer an ... Leider funktioniert das heutzutage nicht mehr, denn die ›Surface-Mounted‹-Chips und andere Bauteile würden da nur so dahinschmelzen ... Ein alter schwarz-weißer Siemens-Fernseher damals in den Sechzigern hatte nach Ablauf der Garantiezeit alle rund sechs Monate einen anderen Ausfall. Nach zehn Jahren war fast nichts mehr Originales drin, außer der Bildröhre und dem Kanalschalter-Tastenfeld – aber ich hatte alles reparieren können. Man hatte ja auch genügend Fachgeschäfte für Bauteile.«

The times, they are a'changing – nicht zuletzt dank der Marktmacht von Apple mit seinen durchdesignten Produkten, bei denen man schon gar nicht mehr auf den Gedanken kommt, sie zu reparieren.

Es gibt Neuerungen, die sinnvoll sind, andere sind es eher nicht. Doch letztlich ist es keine allgemeingültig zu beantwortende Frage. Der eine sagt: »Ich brauche das«, ein anderer winkt müde ab. Es ist klar, dass nicht jeder eine Digitalkamera als das Nonplusultra ansieht. Aber ich bin auch nicht derjenige, der zurück zur Steinzeit will. Ich bin dafür, dass man sich mit mehr Respekt, mit mehr Achtsamkeit mit einem Produkt auseinandersetzt. Kann man es reparieren und recyceln? Ab wann ist es ausentwickelt? Sind marginale Veränderungen wirklich notwendig, wenn sie letzten Endes nur eine weitere umweltressourcenschädigende Nachfrage erzeugen sollen? Es gilt, alles genau abzuwägen. Bildung, Verständnis für die Zusammenhänge von Fortschritt, Wachstum, Wohlstand und Zukunftsfähigkeit sind vonnöten.

Weil die Industrie uns zur Passivität erziehen will, werden mehr und mehr Dinge verpackt. Das ist deutlich zu beobachten, wenn man sich mit der Geschichte des Industriedesigns beschäftigt. Früheres Design hatte sich zum Ziel gesetzt, beispielsweise Schrauben so anzubringen, dass jeder sie erkennen konnte. Jeder wusste sofort, welche Funktion sie zu erfüllen hatten. Funktionierte die Verstellbarkeit einer Höhensonne, einer Lampe, einer Frisierhaube nicht perfekt, musste man sich nur die Achse genau ansehen, die drei Schrauben entfernen, das Gewinde drehen – und schon war man in der Lage, dem Problem auf den Grund zu gehen.

Betrachten Sie einmal die Lampe auf Ihrem Schreibtisch: Können Sie da noch eine einzige Schraube erkennen? Oder sind ihre Schrauben so in das gefällige Design integriert wie die an meinem Laptop, so, dass man kaum mehr auf die Idee kommt, dass sie überhaupt noch eine Funktion haben? Selbst die Fachreparaturbetriebe haben mit verklebten Geräten so ihre Schwierigkeiten. Nostalgisch, wie ich bin, habe ich kürzlich, gewissermaßen als Gegenbeispiel, bei einem über 50 Jahre alten Telefunken-Radio eine defekte Verstärkerröhre auswechseln können. Was für eine Freude, als ich diese im Katalog von Bürklin fand und sie einfach kurzfristig und problemlos bestellen konnte. Es handelte sich natürlich um Altbestand, niemand stellt heute mehr solche Radioröhren her.

Beklagenswert finde ich in diesem Zusammenhang auch, dass heute so gut wie keine Schaltpläne bei technischen Geräten mehr mitgeliefert werden – auch die könnten wertvolle Hinweise auf die Reparaturfähigkeit geben. Zum Design beziehungsweise zur Geschichte von technischen Gerätschaften, aber auch von Kleidung und Möbeln, gehört, dass einst Reparaturmöglichkeiten schon beim Erwerb mitkommuniziert wurden. Zum Beispiel gab es einmal in jedem Katalog des Versandhauses Quelle, das 2009 in die Insolvenz gehen musste, eine Liste mit Adressen und Telefonnummern, die man zu Rate ziehen konnte, wenn eine Näh- oder Waschmaschine defekt war. Rief man sie an, konnte man erfahren, zu welchen Vertragswerkstätten man die Geräte zum Reparieren schicken konnte. Die Reparatur wurde sehr ernst genommen, der Kunde hatte das Gefühl, ein langlebiges Produkt erworben zu haben. Fehler konnten immer auftreten, aber dann gab es Abhilfe.

Was den Geräten heute ebenfalls nur noch selten beiliegt – und ein weiteres Zeichen für mangelnden Reparaturwillen seitens der Industrie ist –, sind Explosionszeichnungen. Früher fand man die Grafiken, die ein Gerät perspektivisch und in all seine Einzelteile zerlegt zeigten, bei fast jedem neuen Produkt: ein großer Schatz, wenn man verstehen will, wie das Ding im Detail aufgebaut ist und funktioniert. Im Fall meines Fahrrads mit Hilfsmotor ist dies ein zwanzigseitiges Heftchen, in dem jedes Bauteil, jede Schraube und jedes Blech, jedes Kabel und jede Birne auch eine Bestellnummer hat, falls es im Falle eines Defekts der Erneuerung bedurfte.

Heute finden sich Aufbauanleitungen noch bei Möbeln, sie sollen dazu dienen, dass der Kunde das Bücherregal mit seinen Brettern und Schrauben aus den Einzelteilen auch wirklich zusammengebaut bekommt. Die Explosionszeichnungen, die schon Leonardo da Vinci in überaus ästhetischer Weise gefertigt hat, waren aber nicht nur Bauanleitungen, sondern Teil der Gebrauchsanweisung. In diesem Sinne boten sie auch die Möglichkeit, selbst etwas zu reparieren, weil man sich den inneren Aufbau und die Montage eines Gegenstands genau verdeutlichen konnte. Oft waren die einzelnen Schrauben mit Nummern versehen, sodass man im Zweifelsfall wusste, welche zu bestellen war.

Als Jugendlicher habe ich die sehr detailliert gestalteten Explosionszeichnungen verschlungen. Sie boten mir die Chance, die Funktionsweise eines Staubsaugers oder Stabmixers zu verstehen, die technischen Fachbegriffe für die einzelnen Teile waren gleich mitgeliefert.

Bei den heute vorherrschenden glatten, designten Verarbeitungen kommen nur noch wenige auf die Idee, einen Schraubenzieher anzusetzen. Einen iPod öffnet man auch besser nicht mit einem solchen – sonst verkratzt man das Plastik –, sondern mit dafür geeigneten speziellen Plastikhebegriffeln. Auch das ist eine Entfremdung von den von Menschenhand geschaffenen Dingen: wenn der einfachste Einblick in das Innere, das Erahnen von Funktionen durch das Design bewusst verwehrt wird.

Effizienz über alles

Voraussetzung für Kurzlebigkeit, Massenproduktion und günstige Preise sind günstige Ressourcen. Dafür muss man sie ausbeuten – und nicht nur sie.

An einem willkürlichen Beispiel sollen die Folgen dieser Ausbeutung kurz veranschaulicht werden: 2012 starben in Textilfabriken in Dhaka, der Hauptstadt von Bangladesch, über hundert Arbeiterinnen. Sie verbrannten. Die Ursache des Feuers ist unklar, wahrscheinlich waren aber mangelhafte Kabel dafür verantwortlich. Die Brände machten nicht nur auf die Sicherheitsstandards aufmerksam, unter denen die Fabrikarbeiter Kleidung herzustellen haben. Sie machten auch öffentlich, was sonst selten öffentlich wird: dass dort unter menschenunwürdigen Bedingungen Waren gefertigt wurden. Zwei Monate zuvor hatte es in einer Textilfabrik in Pakistan gebrannt, in diesem Feuer verloren mehr als dreihundert Menschen ihr Leben – der Betrieb in Karachi hatte Jeanswaren für einen Textildiscounter produziert. Die Katastrophen sind keine Einzelfälle. Fast die gesamte Textilindustrie in Deutschland ist in Länder ausgelagert, von denen man annahm, dass dort alles viel billiger herzustellen sei. Doch auf wessen Kosten?

Zu oft allein auf Kosten der Menschen, die unter Bedingungen arbeiten, die keiner in Europa akzeptieren würde. In den Textilfabriken wurden die Arbeiterinnen so eng wie möglich zusammengepfercht, um die Raumkosten zu reduzieren. Als dann das Feuer bei Tazreen Fashion in Dhaka ausbrach, gab es viel zu wenige Notausgänge, die Frauen wurden vom Feuer eingeschlossen und kamen darin um.

Nach Angaben des Statistischen Bundesamts wurde in Deutschland 2011 Bekleidung im Wert von 2,8 Milliarden Euro importiert. Wir können diese Masse an Waren nur so billig kaufen, weil wir es hinnehmen, dass Menschen und Ressourcen ausgebeutet werden, Umweltschäden eingeschlossen.

Ein weiteres Problem bei diesem Outsourcing ist, dass die Kompetenz unseres Nachwuchses auf der Strecke bleibt. Wir haben heute einen eklatanten Fachkräftemangel. Aber das Problem greift noch tiefer. Einst gehörten zum Beispiel die Schweinfurter Werke von Fichtel & Sachs zum Leben, jedes Kind wusste, welche Motoren dort gebaut wurden, dass dort 1903, mit der Erfindung der Torpedo-Freilaufnabe mit Rücktrittbremse, das Fahrrad seinen Siegeszug begonnen hatte. Bilder solcher Werke sind aus unserem kollektiven Bewusstsein verschwunden. Kinder können sich nur noch sehr schwer vorstellen, an der Konstruktion von Fahrradnaben teilzuhaben.

Es wird zwar behauptet, dass die großen Neuerungen

und kreativen Ideen immer noch aus dem Westen kommen, doch ich bezweifle, dass es dabei bleiben wird, wenn der Facharbeiter- und Ingenieurmangel weiterhin zunimmt. Die Produktion im Land der Verbraucher hat nicht nur den Vorteil, dass keine Menschen in der Dritten und Zweiten Welt ausgebeutet werden, die Nähe von Herstellungstechnik und Anwendern ist auch die beste Voraussetzung, um im nahen Kundenkontakt Produkte zu verbessern.

Die Effizienzsteigerung und der günstige Materialeinsatz waren wichtige Voraussetzungen für die Entwicklung unserer Wegwerfgesellschaft, die weder Langlebigkeit als Wert eines Gegenstands mehr schätzt noch Reparaturen als sinnvoll erachtet. Die aktuelle Repair-Bewegung setzt an diesen neuralgischen Punkten an. Dabei vermengt sich in ihr Konsumkritik mit einer nostalgischen Besinnung auf handgemachte Dinge.

The World in your hands:
Packen wir's an!

Eine neue Bewegung

Die Reparaturbewegung hat viele Kräfte, die sie antreibt; unter ihren jungen Protagonisten spielt auch ein gewisser Retrotrend eine Rolle. Mehr und mehr junge Menschen wollen ihre Musik nicht mehr auf einem CD-Player hören, sondern kaufen sich einen Vinylplattenspieler. Das hat mit Nostalgie zu tun – ebenso gibt es aber auch handfeste Gründe: Ein CD-Player ist extrem schwer zu reparieren, sollte er einmal defekt sein. Bei Vinylplattenspielern sieht dies anders aus. Es ist nicht kinderleicht, sie wieder zum Laufen zu bringen, im Zweifelsfall kann man aber auf Know-how der Generation Ü50 zurückgreifen, die sich noch intensiver mit Elektrogeräten auseinandergesetzt hat: Der alten Bastler sind in unserer Republik viele! Dafür, dass auch die junge Generation die Welt wieder mit eigenen Händen begreifen will, sind unter anderem die vielen Youtube-Videos, die das Reparieren von fast jedem vorstellbaren E-Gerät lehren, ein Beleg.

Wer genau hinschaut, entdeckt überall Ansätze einer neuen Kultur der Reparatur, einer Selber-Mach-Bewegung, denn Herstellung und Pflege/Reparatur gehören untrennbar zusammen: Wer selbst etwas hergestellt hat, möchte es bei einem Defekt nicht einfach austauschen, sondern es eigenhändig wieder instand setzen (selbst in dem Fall, dass sich eine Reparatur eigentlich nicht rentiert, aber es kommt eben darauf an, wie jeder Einzelne für sich Rentabilität definiert, und da fließen nicht nur ökonomische, sondern in hohem Maße auch emotionale Gründe mit ein). Ein ganzer Rosengarten ist diesbezüglich noch nicht gewachsen, aber Samenkörner sind gelegt worden.

Orte wie die Repair Cafés, HUIJ, HEi, Attraktor und das FabLab propagieren ein Modell für die industrielle Gesellschaft der Zukunft. Es gibt sicher nicht eine einzige gültige Antwort auf die Frage des zukünftigen Umgangs mit den begrenzten Ressourcen. Wichtig wird z. B. auch sein, dass wir wieder teilen lernen. Die Bewegung der Shared Economy – ein Begriff, der schon in den achtziger Jahren von dem amerikanischen Wirtschaftswissenschaftler Martin Weitzman geprägt wurde –, bei der das Prinzip des Teilens auf alle denkbaren Güter des Lebens ausgedehnt wird, vom Werkzeug über zu klein gewordene Kinderkleidung bis hin zu Nahrungsmitteln, ist auf dem Vormarsch. Nicht mehr das Eigentum, sondern der Besitz für eine gewisse Zeit steht hier im Mittelpunkt. Denken wir an die modernen Car-Sharing-Initiativen, die allen Ortes entstehen. Oder an neue Modelle des Wohnungstauschs wie Couchsurfing. Verleiht man Gegenstände, ist man natürlich gut beraten, auf langlebige und reparaturfähige Güter zu setzen, denn das Verleihen beansprucht sie oft sehr.

Bei diesen vereinzelten Bewegungen und ökonomischen Ansätzen wird es angesichts der gesellschaftlichen Herausforderungen nicht bleiben. Ähnlich wie die Natur bei der Selbstorganisation und der Anordnung der Moleküle mit einer bestimmten Anzahl von Möglichkeiten spielt, mendeln sich auch auf gesellschaftlicher Ebene die besten Lösungen heraus. Die Natur hat ein Leben mit eingebautem Reparaturmechanismus hervorgebracht. Ihm ist zu eigen, dass die Zellen der Organismen Wege gehen können und sollen, die nicht immer auf Anhieb optimal sind. Das Gleiche gilt für die Reparaturbewegung.

Wie ich selbst zum Reparateur wurde

Warum ich, frei nach der Band Tocotronic, Teil einer Reparaturbewegung sein will, hat mit meiner frühesten Jugend und Kindheit zu tun. Als kleiner Junge sammelte ich Vogelfedern, Blumen, die ich trocknete und presste, auch steinzeitliche Keile, Feuersteine oder Fossilien wie Ammoniten, jene ausgestorbenen Kopffüßer, die in der Paläontologie von großer Bedeutung sind. Ich suchte in der Natur, in Steinbrüchen vor allem, nach Versteinerungen. Für meine Fundstücke fertigte ich Sammelkästen an.

Wer einmal Kinder beobachtet hat, wenn ihnen in der freien Natur oder auch einer Werkstatt der Raum zur Verfügung steht, selbst zu experimentieren, selbst zu erkennen, etwas selbst auseinanderzunehmen und zusammenzubauen, der weiß, dass der Entdeckerdrang ein elementares Kennzeichen der menschlichen Natur ist. Kinder kommen gleichsam auf der Spur von Goethe und Humboldt vom Staunen über das Erkennen zum Verstehen. Und diese Kette beinhaltet mittendrin ganz entscheidend das Herstellen und das Reparieren.

In meiner Jugend hatte ich einen Freund, der viel von der Elektronikbastelei verstand, von ihm konnte ich in dieser Hinsicht viel lernen. Ich bewunderte ihn ein wenig, weil er es war, der bei jeder Party in der Schule oder im Freundeskreis für die Musikanlage zuständig war. Ohne ihn ging nichts. Unbedingt wollte ich von ihm die Tricks und Kniffe lernen (die technischen Geheimnisse von Plattenspieler, Verstärker, Tonbändern, Boxen, Lichtorgel etc.). Noch heute besitze ich das erste Gerät, das wir vor fast vierzig Jahren gemeinsam gebaut haben: eine einfache Gleichspannungsversorgung im Niedervoltbereich, im Wesentlichen nur ein Trafo und ein Gleichrichter. Aber das Gehäuse war ein Hingucker: kein Standardmetallgehäuse, nein, ein Eigenbau aus Holz, zusammengeleimt und dann in einer coolen metallicblauen Farbe gespritzt. Es machte Eindruck, zumindest auf uns, und wir hofften natürlich insgeheim, so manche Schulkameradin beeindrucken zu können, der wir es mit Stolz präsentierten. Anthropologen oder Verhaltensforscher könnten hier eine Parallele zum Balzverhalten in der Tierwelt ziehen, nach dem Motto: »Wer hat die größten Lautsprecherboxen mit dem sattesten Sound?«

Überhaupt, Boxenbau war das Nonplusultra in meiner Jugend. Wir fachsimpelten über High-Fidelity-getreue Wiedergabe, über Übertrager, Frequenzgang, Frequenzlinearität, Frequenzweichen, Bassreflexboxen, Dezibel usw. Wir waren auf den Partys für die Musik-Technik zuständig, aber natürlich auch für die Musik selbst. Wer die neuesten Songs der Hitparade auflegte, war in der Lage, den Gang einer Party zu beeinflussen. Damals hatte der karierte Hemden tragende technisch begabte Typ wirklich gewisse Vorteile beim anderen Geschlecht. Heute ist das schwer vorstellbar: Kürzlich las ich eine Bekanntschaftsanzeige, in der eine junge Dame sehr präzise die Anforderungen an einen potenziellen Partner benannte und – zu meiner Enttäuschung – als wichtigstes Auswahlkriterium »kein Physiker« aufführte.

Damals lasen wir die *Funkschau*, bestellten von Bürklin, Conrad, Radio RIM oder anderen einschlägigen Elektronikfachhändlern die Bauteile, besorgten uns Schaltpläne und verbrachten Wochenenden mit Basteln und Reparieren. Das baute auf der intensiven Beschäftigung mit den Kosmos-Baukästen auf, die wir als Kinder besaßen. Der Chemiebaukasten oder der »Radiomann« sind für mich

Ikonen, die ich heute noch in meiner Sammlung habe. Weil man zu der Zeit noch bei vielen Dingen selbst Hand anlegen musste, sind wir mit einer Kultur des Bauens, des Bastelns und des Reparierens aufgewachsen. Bei den vielen Festen im Sommer kümmerte sich kein Veranstalter um Infrastruktur und Logistik, wir mussten selbst zum Beispiel ein Motordrehgestell bauen, um darauf das Schwein zu grillen. Wenn das Moped mal nicht lief, war es eine Selbstverständlichkeit, einander zu helfen, um es wieder flott zu bekommen.

Als Jugendlicher besaß ich auch eine Reihe von Büchern, die in den sechziger Jahren im Stuttgarter Motorbuch-Verlag unter dem Titel *Jetzt helfe ich mir selbst* erschienen. Es waren Reparaturanleitungen für verschiedene Fahrzeugtypen, vom Audi bis zum Mercedes, Zielgruppe waren fortgeschrittene Schrauber. Keine andere Sachbuchreihe auf diesem Sektor war so erfolgreich. Als mein erstes Auto komische Geräusche machte, musste ich nur den Band über den Fiat 127 herausholen, der sich natürlich längst in meiner Sammlung befand.

Jedes Mal, wenn an dem Auto etwas zu machen war, kramte ich das Buch mit seinen exakten Anleitungen hervor. Mit seiner Hilfe konnte ich beispielsweise mittels meines Stroboskops den Zündzeitpunkt einstellen, nachdem ich die Einkerbungen in der Schwungscheibe der Kupplung entdeckt hatte. Heute stellt wohl niemand mehr den Zündzeitpunkt ein. Geht ja nur noch bei Oldtimern. Das Wissen aber, das man sich bei solchen Reparaturtätigkeiten aneignet, kann mir keiner nehmen – und es hat mein Verständnis des Gesamtkonstrukts Auto deutlich vergrößert, ebenso meine Bewunderung für die Erfinder. Noch heute kaufe ich mir gelegentlich auf einem Flohmarkt Bücher über Autoreparatur, die schon zu Beginn des letzten Jahrhunderts erschienen sind.

Der Zündzeitpunkt ist nur ein Synonym dafür, dass ich mich mit einem Problem beschäftigt habe, mit einer Anleitung, die zu einer Lösung führt. Ein Beispiel für angewandtes analytisches Denken. Denn sitze ich zum Beispiel in meinem Fiat 127 und er fängt plötzlich an zu stottern, kann ich zwei Dinge machen: Wenn ich genügend Geld habe, bringe ich den Wagen in die Werkstatt, und innerhalb einer bestimmten Zeit bekomme ich mein Auto zurück. Es läuft top, ich bin zufrieden und zahle die Reparatur. Oder ich kann sagen: »Ich will der Sache doch mal selbst auf den Grund gehen.« Ich wurde zu einem Menschen, der den Dingen grundsätzlich selber auf den Grund gehen will.

Von alten Meistern lernen

Reparieren hatte aber auch in meinem Leben nicht nur mit Autos und anderen Männerspielzeugen zu tun. Als Kind hatte ich nicht nur Werk-, sondern auch Handarbeitsunterricht: von Linolschnitt bis zu Holzarbeiten. Und als Erwachsener nahm ich auch mal Nadel, Garn und einen

Stopfpilz in die Hand, um an Fersen und Zehen durchge-
scheuerte Socken zu reparieren. In dem Moment, in dem
die erste dünne Stelle über dem Stopfpilz spannte, schien
mein Gehirn alte Synapsenverbindungen zu mobilisieren.
Meine Stopfresultate waren keine Meisterleistung, aber
recht passabel.

Wenn ich Socken stopfen kann, so dachte ich mir eines
Tages, dann bin ich vielleicht auch in der Lage, einen
kaputten Reißverschluss aus einem Anorak herauszu-
trennen und einen neuen einzunähen. Mein Lieblings-
winteranorak wurde zum Experimentierobjekt. Mit etwas
Geduld und viel Fingerspitzengefühl gelang auch das. Die
Gesellenprüfung hatte ich nun sozusagen bestanden. Jetzt
war es Zeit für die Kür.

Seit vielen Jahren steht bei uns zu Hause eine Ledernähmaschine herum – nicht in der Werkstatt, sondern in
unserem Wohnzimmer. Gekauft habe ich sie auf einem
Flohmarkt in Italien, ein Riesending, ein metallenes Design-
objekt, das ich noch nie benutzt hatte. Das sollte sich nun
ändern: Die Hosenträger meiner wunderschönen alten Lederhose mussten dringend repariert, das Leder musste neu
vernäht werden, es gab keine Ausrede mehr. Ich musste
mich mit der Funktionsweise der Maschine auseinandersetzen. Ich lernte, dass die Spule mit dem Unterfaden einzusetzen war. Für Menschen, die wissen, wie man eine Unterfa-
denrolle in eine solche Nähmaschine einsetzt, ist das kein
Problem. Ich hatte nicht den blassesten Schimmer.

Auf Anhieb schaffte ich es nicht. Zwar wurde der Unterfaden von der Nadel hochgezogen, aber so richtig nähen wollte die Maschine nicht. Was tun? Ich dachte, dass mir ein Säckler, ein Lederhosenmacher, eine Hilfe sein konnte. Das Säckler-Handwerk gibt es ungefähr seit dem 12. Jahrhundert. Es war mit der Zeit nicht mehr nur für die Herstellung von Lederhosen zuständig, sondern auch für ihre Verzierung mit speziellen Stickereien – eine unglaubliche Handarbeit auf dem festen Material. Doch wo konnte ich einen Säckler finden? Ähnlich wie der Fassbinder oder Böttcher, der Hersteller von Holzfässern, ist das Handwerk des Säcklers ein aussterbendes. Kürzlich hatte ich jedoch ein Street-Festival in Mittenwald besucht, auf dem alljährlich Säckler auftraten. So fand ich schließlich an meinem Wohnort einen Säckler, einen außergewöhnlich liebenswerten Mann. Als ich ihn nach Nachwuchs in diesem Handwerk fragte, antwortete er traurig: »Nein, Nachwuchs gibt's nicht.« Danach erklärte ich ihm mein Problem – und er mir, wie ich den Unterfaden einzuziehen hatte. Beschwingt kehrte ich nach Hause zurück. Ich hatte das Prinzip des Unterfadens bei einer Ledernähmaschine verstanden. Und der schon etwas ältere Säckler hatte sich gefreut, dass sich jemand für sein Handwerk interessiert hatte. Obwohl ich bei ihm keine Lederhose gekauft habe oder »reparieren« ließ, sondern nur einen Tipp haben wollte, nahm er sich viel Zeit für mich: Wenn ich mal eine neue Garnitur anschaffen werde, ist sein Geschäft meine erste Wahl.

Der Säckler hatte bei mir vor allem eines hinterlassen: den Eindruck von Lebensklugheit. Und die benötigt man auch, um Reparaturen durchführen zu können. Damit ist nicht nur das Wissen gemeint, welche Werkzeuge und Materialien man am besten verwendet, sondern auch die richtige Strategie zur Fehlerfindung und -behebung. Da gehört natürlich viel Erfahrung dazu. Menschen mit speziellen Fertigkeiten, wie der Säckler, sind oft sehr angenehme Zeitgenossen, bescheiden und herzlich. Ihre Lebens- und Reparaturklugheit äußert sich unter anderem darin, dass sie beim Reparieren nicht übertreiben. Sie können einschätzen, wann es sinnvoll ist, Defektes defekt sein zu lassen. Das hängt von den eigenen Möglichkeiten ab, von der Einschätzung des ökologischen und ökonomischen Nutzens, aber auch davon, wie viel Spaß die Arbeit macht.

Ich habe mittlerweile eine kleine Schausammlung von defekten Geräten und Bauteilen aufgebaut, die so auseinandergenommen sind, dass man die Ursache für das Versagen, das Kaputtgehen, auch nachvollziehen kann. So konnte ich zum Beispiel den Nachbarskindern anhand eines völlig verkalkten Abflussrohres sehr schön erklären, welche Auswirkungen der Kalkgehalt des Wassers haben kann und warum ein auf nur noch die Hälfte verengter Rohrquerschnitt die Funktionsfähigkeit des Abflusses fast komplett außer Kraft setzt. Und dass man seine Geräte, sei es im Haushalt oder am Arbeitsplatz, mit Sorgfalt behandeln und genau beobachten sollte, um die sich oftmals früh ankündigenden Ausfälle rechtzeitig zu erkennen – und größere Probleme zu verhindern. Dabei ist es keineswegs notwendig, immer den Klempner anzurufen, wenn der Wasserhahn tropft, oder den Elektriker, um eine Badezimmerlampe anzubringen. Wenn man es aber tut, sollte man versuchen, dabei zu sein, zuzusehen, etwas zu lernen – um Erfahrungen zu sammeln, was man selbst reparieren kann und was man besser dem Profi überlassen sollte.

Achtsamkeit und andere Soft Skills der Reparatur

Die Kultur der Reparatur basiert auf Kenntnissen, auf Können, auf analytischem Denken, aber auch auf Lebensklugheit, auf Wertschätzung und, vor allem, Achtsamkeit. Wie ich mich gegenüber materiellen Dingen meiner Umgebung verhalte, sagt etwas über mich als Menschen. Lasse ich zum Beispiel eine Wohnung verkommen, in dem Wissen, dass sie nicht mir gehört und ich ja sowieso bald wieder ausziehe, stehen die Chancen nicht schlecht, dass ich auch im Hinblick auf den Klimawandel eine »Nach-mir-die-Sintflut«-Einstellung habe.

Wer achtsam ist, wird zum Beispiel einen Wasserhahn nicht tropfen lassen, auch in einer gemieteten Wohnung. Und bevor er sich ganz zusetzt, schaut er lieber nach und entkalkt.

Selbst bei einer teuren Waschmaschine wird der »Nach-mir-die-Sintflut«-Typ kaum auf die Idee kommen, das Gerät zu entkalken. Dabei hat das bei einer Waschmaschine gravierende Konsequenzen. Je mehr eine Waschmaschine und speziell die Heizstäbe verkalkt sind, umso höher ist der Bedarf an Energie, um auf die Temperatur zu kommen, die man für einen Waschgang eingestellt hat, ganz gleich ob 30, 60 oder 95 Grad. Und letztlich wird die Maschine durch eine mangelnde Entkalkung früher defekt sein.

Ein besonders beeindruckendes Beispiel für die Wichtigkeit von Wartung stammt nicht aus dem Haushalt: Bei Flugzeugen werden automatisch Routinechecks und -reparaturen durchgeführt, ganz explizit, ganz sorgfältig, geht es hier doch um Leben und Tod. Würden Fluggesellschaften ihre Maschinen nicht nach festgelegten Richtlinien warten, wären viel mehr Unfälle zu verzeichnen. Der Grund für die Achtsamkeit ist die Prävention von Schaden. Das rechtzeitige Erneuern, Austauschen und Reparieren ist auch ökonomisch ein absolutes Muss – angesichts der potenziellen Schadenssummen, die ein einziges kleines und billiges defektes Teil auslösen kann. Unwillkürlich muss ich da an die Ursache des Absturzes des Challenger-Raumtransporters der NASA denken, der kurz nach dem Start im Jahr 1986 explodierte und sieben Astronauten in den Tod riss. Wer diese Bilder in der Fernsehübertragung gesehen hat, wird sie wohl nie wieder vergessen. Ursache der Tragödie war, wie später eine Expertenkommission unter dem Vorsitz des amerikanischen Physikers Richard Feynman feststellte, ein defekter Dichtungsring zwischen den Segmenten der Festbrennstoffbooster, ein Bauteil, das wohl durch die kalten

Nachttemperaturen vor dem Start spröde und damit undicht geworden war. So hatte es ein Treibstoffverbrennungsgasleck verursacht, das dann zur verhängnisvollen Explosion führte.

Sorgfältige Untersuchungs- und Reparaturpläne in regelmäßigen Wartungszyklen sind also ein kluges Prinzip, um Schlimmstes zu verhindern, um das Risiko eines Schadens so weit wie irgend möglich zu reduzieren. Im Automobilbereich ist dieses Prinzip jedem bekannt und wird seit Jahrzehnten im Rahmen der vorgeschriebenen Hauptuntersuchungen durch die technischen Überwachungsvereine durchgeführt. Was im Falle des TÜV mit Aufkommen der Dampfmaschinen mitsamt schlimmer Betriebsunfälle als Dampfkesselüberwachungsverein begonnen hat, ist heute erfolgreich in der Prävention von Unfällen durch defekte Bremsen oder durchgerostete Trägerteile. Was im industriellen Maßstab über Wartungs- und Reparaturverträge zur Erhaltung von Maschinen geschieht, hat auch im privaten, häuslichen Umfeld Sinn: die achtsame Wartung und Reparatur vor dem Verschleiß.

Mein Freund Ulrich Walter, Professor an der Technischen Universität München und ehemaliger Astronaut, ist die personifizierte Achtsamkeit. Er hat den Witz, die Gelassenheit, die Hingabe an eine Sache, neben all dem analytischen Denken und der gezielten Vorgehensweise, die bei Reparaturen nötig sind. Stellen Sie sich vor, in einer Raumkapsel tritt der Defekt eines Teils oder einer Apparatur auf: Da braucht es Unaufgeregtheit, Belastbarkeit und

Reparaturkompetenz. Die Reparatur von kleinen Fehlern der vielen Experimentaufbauten etwa an Bord der internationalen Raumstation ist Teil der Ausbildung der Astronauten, die als Nutzlastspezialisten mit an Bord sind.

Ulrich Walter hat in seinem Leben eine unerschütterliche Gewissheit erlangt: »Ich kann fast alles reparieren, zumindest kann ich mir helfen, einen Ausweg zu finden, wenn ein Defekt auftritt, auch aus diesem Grund wurde ich für den Einsatz auf der internationalen Raumstation ISS im Weltraum ausgesucht. Selbst wenn das Klo verstopft gewesen wäre, wäre ich dazu in der Lage gewesen, es wieder in Gang zu bringen. Dort oben kann man keinen Klempner anrufen und an Bord bestellen, da muss man, wenn etwas kaputtgeht, es auch wieder instand setzen können. *Don't ask, fix it,* hieß es immer. Deshalb war Scotch Tape unser Favorit«, sagt er mit einem Augenzwinkern.

Die NASA sei sehr restriktiv, was die Ausstattung des Reparatursets an Bord betrifft: Lötkolben dürfen zum Beispiel nicht benutzt werden. Es stehen bloß ganz normale Werkzeuge und Ersatzteile zur Verfügung. Faszinierend, wenn man einmal die schweißtreibenden Außenbordeinsätze von Astronauten gesehen hat, die Satelliten einfangen und reparieren. Der Grund dafür, dass bei der ISS nicht immer die neueste und komplizierteste Technik verwendet wird, sondern vielfach im Jargon so genannte russische Technik, die zum Beispiel viel robuster ist, ist natürlich deren bessere Reparaturfähigkeit.

Auch bei Mondlandungen oder anderen Weltraumprogrammen ging und geht man davon aus, dass die Astronauten in dieser abgeschotteten Umgebung, wenigstens bis zu einem gewissen Grad, etwas reparieren können sollten, falls etwas schiefgeht. Ulrich Walter war übrigens immerhin zehn Tage an Bord der Columbia, als sie Ende April 1993 in Richtung Erdumlaufbahn aufbrach, zusammen mit einem anderen Deutschen, Hans Schlegel, und fünf amerikanischen Astronauten.

Und falls in vielen Jahrzehnten einmal tatsächlich eine menschliche Besatzung an Bord einer Raumkapsel in Richtung Mars aufbrechen sollte, muss aus naheliegenden Gründen die Anforderung an deren Autarkie so hoch sein, dass im Prinzip alles Defekte repariert oder ersetzt werden kann. Kein leichtes, aber ein höchst spannendes Unterfangen, das die Kultur der Reparatur in einem ganz neuen, hypermodernen Licht erscheinen lässt.

Der Mechaniker in uns

Wer wie Ulrich Walter regelmäßig selbst eine Sache von A bis Z ausführt, ist den Dingen weniger entfremdet. Das erzeugt Autonomie und Selbstvertrauen. Dafür muss man sich natürlich nicht erst ins Weltall begeben.

Einer meiner Bekannten ist bei der freiwilligen Feuerwehr, hauptberuflich arbeitet er im Schichtwechsel im Rettungsdienst. Er hat eine Ausbildung als Sanitäter und Feuerwehrmann, muss gleichzeitig in den Momenten, in denen keine Einsätze gefahren werden, die jeweiligen Wagen instand halten, säubern und sich um die Versorgungskoffer und Medikamente kümmern. Das hat sich als effizient und sinnvoll herausgestellt; es gibt bei der Übergabe zwischen den Einsatzmannschaften keine Schwierigkeiten, weil der eine nicht weiß, was der andere getan hat, weil sich alle um alles kümmern müssen und können, von A bis Z.

Deshalb singe ich das Hohelied der Mechanik, insbesondere auch der Elektromechanik. Heutzutage haben Sensoren überhandgenommen, bei denen ich nichts mehr spüre, so wie es bei einem Knopf der Fall wäre: In vielen Städten gibt es Fußgängerampeln, die über Sensoren funktionieren. Jedes Mal drücke ich noch in Erwartung eines mechanischen Vorgangs, eines Niedergehens oder Klickens des Tasters auf die Oberfläche des Sensors, vergeblich. Der Sensor gibt kein Feedback, keine Antwort. Er trägt zur Entfremdung von den Dingen bei: Mir fehlt das Gefühl, einen Schalter gedrückt zu haben. Ich bin ein altmodischer, haptischer Mensch, der die Mechanik, die Impulserhaltung, das alte Prinzip von *actio* und *reactio* spüren möchte. Wie Newton es in seinem dritten Axiom so schön formulierte: Bei der Wechselwirkung zwischen zwei Körpern (hier Finger und Druckschalter) erzeugt jede Kraft eine gleich große Gegenkraft.

Als die iPads auf den Markt kamen, schien nicht jeder von der neuen Technik überzeugt. Diese Computer sollten mit Wischen betätigt werden, mit Rütteln? Der anhaltende Tablet-Boom jedoch zeigt, dass das Bedürfnis nach mechanischen Bewegungen stark ist, sonst würde heute nicht die gesamte Welt begeistert wischen, tippen und zoomen. Mechanik ist Teil unseres Menschseins. (Genau genommen handelt es sich bei den iPads um eine vorgetäuschte Mechanik, denn die mechanische Bewegung der Finger wird ja über elektrosensorische Elemente aufgenommen und löst nicht mehr die dem Dritten Newton'schen Gesetz entsprechenden mechanischen Antworten aus. Aber die Wirkung erscheint natürlich.) Die Entwicklung unserer Hände zu komplexen Tast- und Greifwerkzeugen war eine wesentliche Voraussetzung für die Menschwerdung. Unsere verschiedenen Greifmöglichkeiten, wie der Kraft- oder Präzisionsgriff mit detailliert abgestimmten Bewegungsabläufen, erlauben uns ein Hand-eln, etwas hand-zu-haben und zu guter Letzt auch etwas zu reparieren.

Wir Menschen sind keine Tastatur mit eingebauter elektronischer Sensorik. Halte ich meine Hände unter den Wasserhahn, weil das Wasser durch einen Sensor zum Laufen gebracht wird (oder der Handtrockner in der öffentlichen Toilette erst angeht, wenn man die Hände unter ihn hält), so ist das zwar keine dramatische, aber immerhin doch eine Entfremdung vom mechanischen Handeln und auch eine Bevormundung. Den Schalter der Ampel nicht zu berühren ist zwar hygienischer, die evolutionär in mir verankerte Sehnsucht nach einem mechanischen Umgang mit den Dingen ist jedoch nicht zu unterdrücken.

Zieht man aus einem Rollhandtuchspender eine bestimmte Länge Handtuch, hat man die Entscheidung getroffen, wie viel man benötigt, um seine Hände zu trocknen. Man hat aktiv an der Rolle gezogen. Bei dem Föhn, der meine nassen Hände mit Luft trocknet, bleibe ich passiv.

Der Mensch ist in hohem Maße auf Haptik und Mechanik eingestellt, er will im wörtlichen Sinne die Dinge begreifen. Das kann man am besten bei Kindern beobachten. Die Prägung auf Mechanik ist in unseren Genen verankert, andere Primaten verwenden Werkzeuge, wenn sie mit ihren Händen nicht weiterkommen – Stöcke z.B., um Honig aus einem Bienenstock herauszuholen, sollten sie nicht vorher schon aufgrund eines Bienenangriffs die Flucht ergriffen haben.

In der Menschheitsgeschichte hat es darüber hinaus die Mechanik erst möglich gemacht, einen Hebel oder eine Achse und damit das Rad zu erfinden. Es mag trivial klingen, aber die Fähigkeit zu einem mechanischen Vorgehen hat die Grundlagen für die Elektro- und die Quantenmechanik gelegt, die die mechanischen Verhaltensweisen von Atomen beschreiben. Nicht von ungefähr fängt jeder Physikunterricht mit der Mechanik an, die Mechanik ist auch die erste Vorlesung im Physikstudium.

Neben der Entfremdung von Dingen und einer gewissen Bevormundung, unsere Hände nicht mehr einsetzen zu dürfen, gibt es noch einen dritten Aspekt, der bei einem Verzicht auf die Mechanik wirksam wird: Die unmittelbare Erfahrung geht verloren. Stelle ich selbst etwas her, erlebe ich, wie ich etwas falsch oder richtig angegangen bin. Das Erschaffen setzt mich in eine direkte Beziehung zum Produkt. Ich verstehe, wie es aufgebaut ist. Das gilt nicht nur für das Reparieren, sondern ebenfalls etwa für das Gärtnern, die Bearbeitung von Holz oder von Textilien etc. Man kann sich natürlich fragen, warum man ein Beet mit Rüben, Salat, Radieschen und Petersilie anlegen soll, wenn man diese Dinge doch überall kaufen kann, noch dazu so günstig. Um das umfassende Verständnis für Stoffkreisläufe zurückzugewinnen, lautet meine Antwort.

Im Zeitalter von Nanoelektronik und digitalen Welten ist natürlich auch die Zeit reiner, einfacher Mechanik längst vorbei. Keineswegs gibt es eine Dringlichkeit, dass alle von uns das Brot wieder mit dem Messer und nicht mehr mit der Brotschneidemaschine in Scheiben schneiden. (Wobei ich es schon beklagenswert finde, dass immer weniger Menschen von einem Laib Brot noch eine gerade Scheibe abschneiden können.) Die Verdrängung kraftaufwendiger mechanischer Arbeit durch neue Erfindungen, die die menschliche Arbeit erleichtern, ist Teil der menschlichen Erfolgsgeschichte. Der selbst oder durch Rinder gezogene Pflug ist aus gutem Grund (leider noch nicht in allen Ländern der Welt) durch den Traktor ersetzt worden. Und ein elektrischer Starter, der auf Knopfdruck den Motor zum Drehen bringt, ist deutlich angenehmer als eine Kurbel, die man schweißtreibend betätigen muss – erst durch diese Erfindung wurde das Automobil zur Massenware. Ebenso kann die Menschheit heilfroh darüber sein, dass die Dampfmaschine und all die nachfolgenden, die mechanische Arbeit erleichternden Maschinen und Motoren erfunden wurden.

Ohne technischen Fortschritt würden wir heute noch schwerste körperliche Arbeiten verrichten müssen, wäre unser Wohlstand viel geringer. Wo wären wir heute in der digitalen Welt der Internetkommunikation mit all ihren auch positiven Folgen der Vernetzung über Ländergrenzen hinweg, hätte es nicht die grandiose Entwicklung des Computers von einer reinen Rechenmaschine zu Konrad Zuses Zeiten zu einem Multifunktionsgerät heutiger Prägung gegeben? Dennoch ist das Handwerk durch nichts zu ersetzen: weil es an der Basis steht und sich elementarer Lebensbedürfnisse annimmt.

Darüber hinaus bildet es eine unabdingbare Voraussetzung zur Weiterentwicklung und Anwendung von Naturerkenntnis. Dazu gehören nicht nur die physikalischen Grundprinzipien von Arbeit, Leistung, Energieumwandlung und -erhaltung, die ja bei jeder Maschine eine entscheidende Rolle spielen. (Selbst in der modernen Nanomedizin, bei der Untersuchung molekularer Maschinen, die in Form von Proteinen eine entscheidende Rolle beim Stofftransport in unseren Zellen spielen, könnte man von molekularem Handwerk sprechen, das ohne ein Verständnis der makroskopischen Verhältnisse nicht begreifbar ist.) Zum Handwerk gehört selbstverständlich auch die Auseinandersetzung mit Materialien, ihren physikalischen und chemischen Eigenschaften. Das beginnt schon bei der Gewinnung von Materialien aus der Natur und hört nicht auf bei der modernen Materialwissenschaft, die mithilfe von theoretischem Verständnis und analytischen Methoden maßgeschneiderte Materialien aus dem Angebot der in der Natur vorkommenden und im Periodensystem der Elemente so schön geordneten Atomsorten herstellen kann. Wer das Goldschmiedehandwerk betreiben wollte, musste schon immer wissen, wie das Edelmetall aus dem Muttergestein zu schmelzen ist. Bergbau, Metallurgie waren und sind hier die elementaren Voraussetzungen. Heute werden diese Disziplinen ergänzt durch Recyclingverfahren, die Königsdisziplin der Kreislaufwirtschaft. Das Vorkommen und die Verarbeitung von Kupfer, Bronze, Eisen, aber auch Erdmetallen wie Aluminium, Magnesium, Titan und vielen anderen sind Kennzeichen für Abschnitte in der Menschheitsgeschichte geworden. Suchte man nach neuen Materialien, etwa nach weißem Gold, dem Porzellan, musste man zumindest eine Ahnung von verschiedenen Vorgängen und Prozessen unterschiedlichster Materialien haben. Dabei sind naturwissenschaftliche Erkenntnis und handwerkliche Herstellungsmethoden Hand in Hand gegangen, sodass das Handwerk zutreffend nicht nur als Vorbereiter der Industrialisierung, sondern auch als Auslöser von naturwissenschaftlichem Erkenntnisfortschritt gelten kann. Es hat den Menschen Fragen stellen lassen wie: Wieso gibt es überhaupt Gold? Und: Warum haben Gold und Silber unterschiedliche Schmelzpunkte, also voneinander abweichende Eigenschaften? Wie mache ich eine Legierung aus den Materialien?

Das beste Beispiel für solche Erkenntnisfortschritte ist das Wirken Joseph von Fraunhofers, jenes bayerischen Handwerkers, der die Welt verändert hat und dessen Namen zu Recht die erfolgreichste deutsche Organisation zur anwendungsorientierten Forschung trägt. Bis zum Beginn des 19. Jahrhunderts war es technologisch nicht möglich, farbkorrigierte Objektive für große astronomische Fernrohre mit der erforderlichen Qualität herzustellen. Fraunhofer, ein Glasschleifer aus Straubing, begann ab 1807 am Mathematisch-Mechanischen Institut Joseph von Utzschneiders in Benediktbeuern, sich mit diesem Problem zu beschäftigen. Binnen weniger Jahre schaffte er es durch anwendungsorientierte Forschung, das Problem zu lösen. Er entwickelte eine Methode zur präzisen Vermessung des Brechungsvermögens verschiedener Glassorten. Durch die Kenntnis dieser Materialeigenschaften gelang ihm die gezielte Herstellung von hochwertigem Glas für Fernrohrlinsen mit größeren Durchmessern. Für seine Glasuntersuchungen verwendete er einen umgebauten Präzisionstheodoliten, wie er für die Landesvermessung eingesetzt wurde. Mit diesem Spektrometer fand er unter anderem die Absorptionslinien im Sonnenspektrum. Er revolutionierte sowohl die Glasherstellung als auch die technische Optik. Seine Forschungsergebnisse trugen viel zum besseren Verständnis der Eigenschaften des Lichtes bei. Diese Erkenntnisse wirken bis heute fort: In der modernen Astrophysik werden spektroskopische Methoden eingesetzt, um die Großstrukturen unseres Universums zu erforschen. Es ist dadurch möglich, mehr über den Aufbau und die Entwicklung des Universums zu erfahren. Joseph von Fraunhofer, der Handwerker aus Straubing, hat dafür den Grundstein gelegt.

Das handwerkliche Herstellen von Dingen ist ein wenig vergleichbar mit einem physikalischen Experiment. Es ist objektivierbar. Das ist so zu verstehen: Ob eine physikalische Theorie richtig ist oder falsch, entscheidet kein in Auftrag gegebenes psychologisches oder rechtswissenschaftliches Gutachten, keine Expertise eines anderen. Allein die Natur entscheidet darüber, ob die Vorhersagen sich in einem Experiment verifizieren lassen. Und ob der Hammer, den ich gebaut habe, ein gelungenes Werkstück ist, entscheidet nicht so sehr eines Menschen Meinung, sondern das Experiment, die Benutzung. Zerbricht er gleich beim ersten Schlag, habe ich zweifellos etwas falsch gemacht. Kein Gutachten kann mir weismachen, dass es im Grunde doch ein erstklassiger, wunderbarer Hammer war.

Diese Objektivierung durch die Natur zeichnet auch das chemische oder physikalische Experiment aus. Galileo Galilei, dieser 1564 geborene italienische Naturwissenschaftler, hat es wohl als Erster auf den Punkt gebracht: Wie ein Stein zu Boden fällt, darüber ist nicht zu philosophieren. Es ist auch kein Kollege zu fragen, der eine interessant aussehende Gleichung aufstellt, eine Expertenanalyse macht, wenn man ihm nur genügend Geld dafür zahlt. Stellt man eine Theorie auf, ist sie allein an der Wirklichkeit zu messen – und das heißt: Ich frage einfach die Natur. Ich halte den Stein in der Hand, lasse ihn aus unterschiedlicher Höhe zu Boden fallen, beobachte genau und messe Höhe und Zeit, setze sie zueinander in Beziehung, und falls mir die Natur gnädig ist, finde ich ein einfaches mathematisches Verhältnis, das mithilfe einer Fallkonstante, der Erdbeschleunigung, zu einer Gleichung geschrieben werden kann, und überprüfe die Richtigkeit des so gefundenen Fallgesetzes dadurch, dass ich Vorhersagen für beliebige Fallhöhen und Fallzeiten machen kann.

Dadurch wird der Fall aus dem Ereignisraum der Beliebigkeit menschlichen Beurteilungsvermögens herausgenommen, er wird der Natur selbst übereignet. Es ist erstaunlich, wie sich mit einer einfachen Gleichung ein kompliziertes Verhalten beschreiben lässt, dessen Ursache, die Gravitation, bis heute nicht voll verstanden ist.

Auf jeden Fall existiert keine Abhängigkeit von Gedankenkonstruktionen mit all ihren Unwägbarkeiten und Fehlern, die der menschliche Geist so mit sich bringt. Man muss nur die Natur fragen.

Die Diagnostik ist eine holistische Tätigkeit. Beim Reparieren werden alle Sinne eingesetzt – wenn ein Motorrad nicht anspringt, hört man, was Sache ist, vielleicht ein Klopfen, es zuckelt, weil bei einem Vierzylinder eine Zündkerze ausgefallen ist, man riecht am Auspuff, dass ein falsches Öl verbrannt wird –, weshalb man kaum von einer stumpfen Arbeit sprechen kann. Hören, Sehen, Tasten, Riechen – und manchmal auch das Schmecken: Bei einer Neun-Volt-Batterie halte ich oft aus Faulheit meine Zunge an beide Pole, um zu prüfen, ob sie noch voll ist. Ist noch Ladung vorhanden, fließt ein kleiner Strom über meine feuchte Zunge vom Minus- zum Pluspol, und es entsteht ein kleiner Sinnesreiz, der mit einem bestimmten Geschmack im Mund verbunden ist. Das darf man natürlich nur bei sehr kleinen Spannungen so machen, keinesfalls mit Wechselspannungen oder Strom aus der Steckdose.

Mechanik beinhaltet das gesamte Können elementarer Herstellungs- und Reparaturverfahren. Wer in der Steinzeit einen Faustkeil hatte, wird ihn, wenn er nicht mehr funktionierte, wieder einsatzfähig gemacht haben. An dieses Denken sollten wir uns wieder herantasten.

Die weibliche Seite der Reparatur

Von vielen wird die Reparatur immer noch als männliche Domäne begriffen. Dabei sind es die Frauen, die zur Entwicklung einer Kultur der Reparatur vielleicht sogar mehr beigetragen haben als die Männer. Traditionell kam Frauen die Rolle zu, im Haushalt mit Ressourcenknappheit umzugehen. Sie flickten Kleider, setzten zerbrochene Porzellanvasen wieder zusammen, stopften und nähten, sorgten dafür, dass das Zusammenleben in der Gemeinschaft funktionieren konnte: Sie schmissen, um es salopp zu sagen, den Laden, die gesamte Logistik. Die Männer kümmerte es früher, so lange ist das gar nicht her, wenig, wie die Familie zusammengehalten wurde, das nahmen sie für selbstverständlich. Ihr Beitrag zur Kultur der Reparatur beschränkte sich auf die Instandhaltung der Jagdgeräte. Die Einheit, das große Ganze, hatten sie nicht im Blick, weshalb Frauen in einzigartiger Weise zur kulturellen Weiterentwicklung beigetragen haben.

Leider reduzierten sich im Lauf der Geschichte die Tätigkeiten der Frauen stark aufs Flicken und Stricken, aufs Waschen und Kochen. Erst in den letzten Jahrzehnten, im Rahmen der modernen Frauenbewegung, haben Frauen neue Spielräume gewonnen. Sie sind heute in manch kreativem Beruf federführend. Ein interessanter Nebeneffekt des frühen Feminismus war, dass der Handarbeitsunterricht in den Schulen abgeschafft wurde (ebenso wie der Werkunterricht). Handarbeitsgeschäfte waren auf einmal out und konnten sich nur noch in Nischenbereichen halten. Heute hat sich das wieder geändert – die Marke Eigenbau ist bei Kleidungsstücken längst wieder angesagt. Frauen leben heute ihre überlegenen Reparaturfähigkeiten wieder stolz aus.

Unsere Tochter kam als Kind immer gern in meine Werkstatt. Nie gab ich ihr zu verstehen, sie solle besser diese Säge oder jenen Bohrer nicht anfassen, es könnte zu gefährlich sein. Im Gegenteil. Ich ermutigte sie dazu, alles anzufassen, alle Werkzeuge, unter Anleitung, auszuprobieren. Eines Tages, sie war neun, wollte sie nicht einfach nur

ein Stück Holz absägen, sondern einen Gegenstand herstellen, einen Tisch. Sie schnitt eine viereckige Platte zu-
recht, hatte vier Holzstäbe, die als Tischbeine dienen sollten. Von oben wurden sie mit einem Nagel befestigt.
Danach stellte sie den Tisch auf seine Beine – und stellte
selbstkritisch fest: »Das ist ja total unstabil. Bei der kleinsten Belastung kippt er um.«

»Und was können wir machen, damit das nicht passiert?«, fragte ich. »Wie kriegen wir den Tisch stabiler?«

»Hmm, weiß nicht.«

»Was macht den Tisch denn so wackelig?«

»Na, die Nägel.«

»Vielleicht reicht ein Nagel nicht.«

»Also gut, nehmen wir pro Holzbein zwei Nägel.«

»Zwei Nägel verhindern, dass das Tischbein sich drehen kann. Zusätzlich Leimen wäre auch nicht schlecht.«

Vorsichtig versuchte ich unserer Tochter Mechanik beizubringen, wie die Form der Funktion zu folgen hat, ohne
mich zu sehr als Oberlehrer aufzuspielen – was mir hin
und wieder passiert. Sie sagte daraufhin: »Papa weiß mal
wieder alles.« Ihr konnte man nichts vormachen.

»Dann kann ich dich ja auch fragen, was man tun kann,
dass die Tischbeine sich nicht gegeneinander verbiegen«,
gab ich ihr zu verstehen.

»Du wirst es mir gleich sagen.«

»Zwei Querstangen einziehen. Dann hat man einen sta-
bilen Kreuztisch.«

Er wurde dann tatsächlich so stabil, dass er in unserem

Haus immer noch als kleiner Beistelltisch Verwendung findet.

Die Begründerin der Repair Cafés war nicht von ungefähr eine Frau, die schon erwähnte Bloggerin Martine Postma. Sie hatte auch unter ihren Freundinnen festgestellt, dass sich immer weniger von ihnen noch in der Lage sahen, Kleidung, Bettzeug, Kinderspielzeug oder Taschen selbst zu reparieren, geschweige denn einen Toaster oder einen Haartrockner. Auch für Anja Spiegler, Designerin und Mitbegründerin von HUIJ, dem Laden im Münchner Westend, war es ein wichtiges Anliegen, gerade den Frauen wieder Techniken beizubringen, die sie für selbstverständlich hielt, die aber so gar nicht selbstverständlich sind. Als Kind war sie mit ihren Eltern oft in den Ferien im Campingbus unterwegs, da ging es gar nicht anders, da musste ständig mit Hand angelegt werden. Irgendetwas war immer wieder flottzumachen, ob am Wagen oder bei den eigenen Kleidungsstücken. Zu Hause konnte jeder mit der Nähmaschine umgehen, sodass es nur natürlich war, alte Sachen nicht einfach wegzuwerfen, sondern aufzupeppen. Und genau das hatte sie bewogen, derartige Kurse im HUIJ anzubieten. »Es ist erstaunlich«, sagt sie, »wie wenig sich Frauen zutrauen. Und dann doch können.«

In meinen Experimentalphysiklabors stelle ich übrigens keinen Unterschied zwischen Studentinnen und Studenten fest, wenn es darum geht, Geräte aufzubauen oder defekte elektrische oder mechanische Anlagenteile zu reparieren. Wer als Mädchen Experimentalphysik studiert, hat das

Reparaturgen genauso wie die männlichen Kommilitonen, das ist meine Erfahrung, wenngleich allerdings die Zahlen nicht ausgeglichen sind.

Ich denke aber, dass sich auch im Zeichen einer erstarkenden Kultur der Reparatur alte Rollenklischees zunehmend überholt haben werden. In meiner Jugend war das noch anders, da spielten Jungen mit Autos und Bauklötzchen, Mädchen mit Puppen und Puppenstuben. Die Besucherstatistik des Deutschen Museums zeigt jedoch ein klares Bild: Bei Kindern und Jugendlichen sind die Anteile von Jungen und Mädchen gleich groß – was natürlich auch daran liegt, dass sehr viele Schulklassen den Weg ins Museum finden. Je älter die Besucher werden, umso stärker überwiegt der männliche Anteil. Bei den Besuchern über 60 Jahren sind wir dann schon bei 70 %, Technik ist hier eindeutig Männersache. Für das Deutsche Kochbuchmuseum wird die Statistik vermutlich gerade ein spiegelverkehrtes Bild liefern.

Auch bei ehemals spezifisch weiblichen Reparaturtätigkeiten wird es übrigens zu einer Aufgabe für die ältere Generation werden, das Wissen und Können von handwerklichen Fertigkeiten zu vermitteln. Denn im Schwung des Wirtschaftswunders haben nicht nur die häuslichen Werkstätten im Keller oder Schuppen, Garagen, Kellerbars oder Saunalandschaften Platz machen müssen, genauso hat es auch die Nähzimmer oder -ecken getroffen. Wer in den 60er und 70er Jahren erwachsen wurde, hat sicher viel weniger Erfahrung mit dem Reparieren sammeln können als die Generation davor. Landwirtschaft und Industrie wurden durch den Dienstleistungssektor zurückgedrängt. Deshalb wird der Opa den Umgang mit Drehmomentschlüssel oder Stichsäge oft besser beherrschen als der Vater, und beim Stricken, Stopfen, Nähen wäre es wenig überraschend, wenn sich Oma besser auskennt als die Mutter.

Fakt ist, dass die Kultur der Reparatur der Gegenwart keine Geschlechter mehr kennt, nur das gemeinsame Abenteuer, den Dingen auf den Grund gehen zu wollen, sich kreativ auszuleben.

Packen wir's an!

Dieses Unterkapitel soll Sie aufrütteln und motivieren. Entdecken Sie den Reparateur in sich! Ein wenig dazu inspirieren soll Sie die folgende schmucklose Liste, ein Protokoll meiner Reparaturtätigkeit im Monat August 2012. Dabei handelt es sich meistens um Kleinigkeiten, aber auch die müssen gemacht werden. Dass ich in dem Monat nahezu täglich reparieren konnte, hat übrigens auch damit zu tun, dass jedes Jahr mein Urlaub in den August fällt:

1. 8.   Hauswasserwerk-Steuerung repariert durch Austausch einer defekten Diode in der Elektronik
2. 8.   Beim Staubsauger die Düse angeklebt; beim Küchenschrank einen Griff angeschraubt
3. 8.   12-V-Lampe im Badschrank ausgebaut und erneuert

5. 8.   Bei den Badschranktüren die Schrauben nach-
        gezogen, Scharnier eingeölt und ausgerichtet

6. 8.   Laufbandschraube verbogen, gerade gebogen, neu
        verschraubt und Klappmechanismus ausgerichtet

7. 8.   Bei der Deckenleuchte im Kinderzimmer den ab-
        gebrochenen Metallträger neu verschraubt und
        mit einem Haken gesichert; bei einem AllBand-
        Radioempfänger den Einschaltknopf mit Kon-
        taktspray beziehungsweise Kontaktöl (das hält
        auf Dauer länger) gängig gemacht

8. 8.   Bei einem Kopfhörer die Schaumstoffmuscheln
        erneuert (Schaumstoff, ein immerwährendes
        Materialversagensproblem wie auch Gummi und
        generell Polymere; Gott sei Dank gibt es in
        Spezialgeschäften für manche Modelle noch
        Schaumstoffmuscheln zu kaufen, sonst kann man
        aus dem Volumen selbst mit einem stromdurch-
        flossenen heißen Widerstandsdraht aus Konstan-
        tan ganz wunderbar Schaumstoffteile
        herausarbeiten)

9. 8.   Personal Laserwriter von General Computer aus
        dem Jahr 1988 nach längerer Standzeit in Gang
        zu bekommen versucht; leider nicht gelungen,
        dann zum Elektronikschrott in den Wertstoffhof
        gebracht; bei der Waschmaschine den Flusenfilter
        gereinigt, ebenso den Wassereinlauffilter, Kalk-
        und Waschmittelreste entfernt

10. 8. Einen Fensterrollladen durch Aufschrauben des

Rollladenkastens gängig gemacht, danach Verschrauben der Lamellenhalteseile an der Holzrolle und Ausrichten der verschobenen Lamellen

11. 8. Kaffeeautomat entkalkt

12. 8. Motorpumpe der Gegenstromanlage ausgetauscht

13. 8. Vom Wind verschobene Satellitenschüssel mit SAT-Finder ausgerichtet, neu angebohrt und mit Metallträgerleisten auf dem Garagendach festgeschraubt

14. 8. Herausgefallene Badfliese am Revisionsschacht mit neuen Magnethaltern beklebt und wieder eingesetzt, iPod-Generation 5 mithilfe einer Youtube-Anleitung aufgeschraubt, Akku herausgenommen, durchgemessen und Ersatz-Akku im Internet bestellt

15. 8. Eine Projektionslampe mit Kabeln angeschlossen

17. 8. Duschkopf gesäubert und entkalkt

18. 8. Neue Beistelltischholzplatte zugesägt und mit Fliesen beklebt; bei der Schalldose eines Grammophons das Gummi erneuert

19. 8. Bei der Bücherwandbeleuchtung den Lampenstecker gelötet; bei einem antiken Elektroöfchen, das ich auf dem Flohmarkt erworben habe, die Heizspiralkontakte gesäubert und angeschraubt

20. 8. Den Vergaser meines Bianchi-Aquilotto-Fahrrads mit Hilfsmotor gereinigt

21. 8. Zerbrochenen Glas-Lampenschirm mit einem Spezialglaskleber geklebt

22. 8.   Den Wackler bei der Autoradioantenne von meinem Fiat Campagnola durch Einbau einer neuen
Unterlegscheibe und Abschleifen der Kontakte mit
Schmirgelpapier beseitigt; bei einer Strickjacke
(von meiner Mutter selbst gestrickt) aufgegangene
Maschen neu verstrickt und den Reißverschluss
bei der Einfädelendhülse erneuert

23. 8.   Rostflecken meines Fiat Campagnola abgeschliffen, gespachtelt, grundiert und gespritzt

24. 8.   Cinch-Kabel für Gesangsanlagenverstärker nach-
gelötet; Mikrofonständer-Gewinde nachgeschnit-
ten und gängig gemacht; den Thyristor einer
Lichtorgel erneuert

25. 8.   Bei einem Gartenstuhl das Bein angeschweißt

26. 8.   Die Zündkerze beim Rasenmäher gereinigt

27. 8.   Fahrradplatten geflickt; bei einem Oszilloskop
(elektronisches Messgerät) das Potentiometer ersetzt

28. 8.   Das Batteriefach bei einem Fernthermometer im
Außenbereich gesäubert, Kontakte abgeschliffen
und eingeölt; die Kupferdachrinnenverschrau-
bung, durch die Wasser in die Hauswand einge-
tröpfelt ist, nachgezogen; Hauswandputz, der
durch den dadurch entstandenen Wasserschaden
abgeplatzt war, neu verputzt; abgebrochene Gar-
tenplatten mit Mörtel neu befestigt

29. 8.   In meinem Fiat Campagnola eine neue Antenne
eingebaut; bei der Wurlitzer-Jukebox den Platten-

teller und den Nadelarm justiert sowie die Achsen geschmiert

30. 8.   Dachrinne festgeschraubt

31. 8.   Die abgefallene Gürtelschnalle meiner Lederhose angenäht

Man mag denken, das Heckl'sche Wohnhaus sei ja ganz schön marode, ich würde sagen: Unser Haus ist kompliziert! Selbst gebaut vom vorherigen Eigentümer; ständig ist irgendetwas zu tun, von der kaputten Kuckucksuhr über die Wasserpumpe im Garten bis zum Wackler in der Badezimmerlampe, auf den mich meine Frau hinweist.

Auch möchte ich mit dieser Liste nicht protzen, obgleich sie mich natürlich stolz macht. Was sie transportieren soll, ist, wie viele der kleinen Defekte im Haushalt selbst zu reparieren sind, wie breit hier die Palette ist. Sie können eine Menge Geld sparen und haben auch noch Spaß dabei. Viele Menschen machen das natürlich schon längst, zumal Hausbesitzer eigentlich immer was zu reparieren haben, andere muss man wachrütteln:

Probieren Sie es selbst aus. Sie können es (lernen)! Nehmen Sie die Dinge selbst in die Hand. Sie werden zwar nicht in der Lage sein, Ihren 1er BMW zu reparieren, wenn er stottert (Experten werden jetzt einwerfen, dass er gar nicht stottern kann, das ist eine Metapher aus der Frühzeit des Automobilbaus, aber ich bin eben ein Oldtimer-Fan), dazu ist in den heutigen Autos viel zu viel Hightech eingebaut.

Wie schon gesagt: Das eigenhändige Reparieren hat Grenzen, die zu akzeptieren sind, will man nicht dem Vorwurf der Weltfremdheit oder einem garantierten Scheitern ausgesetzt sein. Aus kleineren Projekten lernt man, wenn sie scheitern, manchmal jedoch sogar mehr, als wenn sie gelingen. Fangen Sie mit einfachen Dingen an, Dingen, die Sie möglicherweise in Ihrer Kindheit gemacht haben. Zum Beispiel gebrochene Gegenstände wieder kleben, schönes Kinderspielzeug reparieren und nicht neu kaufen. Das können Sie nicht? Doch, Sie können es. Sie können diese Kultur des Reparierens wieder erlernen. Erfolgsgarantie eingeschlossen. Und damit auch das Erfolgserlebnis. Ein solches kann man überhaupt nicht bezahlen. Reparieren ist eben nicht nur Arbeit und Mühe, es ist eine große persönliche Bereicherung.

Und wenn bei Ihnen die letzte Reparatur schon geraume Zeit zurückliegt, so befinden Sie sich in guter Gesellschaft. Vielleicht war es der Zusammenbau eines Möbelstücks, das Flicken eines Risses in der Hose, vielleicht auch nur das Aufhängen eines Regals. Sehr wahrscheinlich haben Sie bestenfalls neutrale Erinnerungen daran.

Oft genug sind gelegentliche Reparaturarbeiten eher mit Ärger verbunden – die Werkzeuge sind nie dort, wo man sie vermutet, es fehlt gerade jetzt ein wichtiges Teil. Die Gebrauchsanleitung ist eine Katastrophe, und Sie sind immer noch leicht besorgt, weil beim Zusammenbau des Möbelstücks drei Schrauben übrig geblieben sind.

Wie bei allen anderen Sachen auch, braucht es etwas

Übung und ein wenig Erfahrung, damit die Arbeit Spaß machen kann. Das ist auch nicht anders, wenn Sie zum ersten Mal nach langer Zeit wieder die Laufschuhe anziehen oder zum Pinsel greifen. Geben Sie sich Zeit, nehmen Sie sich am Anfang auf keinen Fall zu viel vor. Stellen Sie sicher, dass Sie über kleine Erfolgserlebnisse Spaß an der Reparatur bekommen.

Natürlich gibt es die verschiedensten Wege, um Reparaturerfahrungen zu sammeln. Jeder hat andere Voraussetzungen, kann schneller oder langsamer vorgehen.

Als Erstes müssen Sie also sich selbst in die Pflicht nehmen. Prüfen Sie gründlich, was Sie sich zutrauen wollen und können – das kann ich Ihnen nicht abnehmen. Urteilen Sie mit Augenmaß, lassen Sie die nötige Vorsicht walten, und natürlich passen Sie auf, dass niemand dabei zu Schaden kommen kann.

Nehmen Sie meine folgenden Vorschläge einfach als kleine Hilfestellung, die aber von Ihnen noch auf Ihre besondere Situation angepasst werden muss:

Road to Repairing – step by step

1. Wenn Ihnen Einrichtungen wie Repair Cafés neu sind, dann suchen Sie doch mal in Ihrer Nähe, ob es dort Vergleichbares gibt. Hilfreiche Internet-Adressen finden Sie im Anhang des Buchs.
2. Schauen Sie sich an, was dort gemacht und angeboten

wird. Wenn möglich, gehen Sie hin! Hier können Sie unendlich viele Ideen und Anregungen bekommen, was Sie handwerklich machen können. Vor allem aber werden Sie sehen, dass Reparieren nicht notwendigerweise einsames Basteln im Keller bedeutet, sondern zusammen mit anderen viel mehr Spaß machen kann.

3. Wählen Sie dann Ihr erstes Projekt aus. Wenn Sie nicht gerade eine entsprechende Ausbildung haben, sollten Sie von elektrischen Geräten erst einmal die Finger lassen. Am Anfang sollten Sie auch nicht unbedingt Ihr Lieblingsmöbel, eine wertvolle Uhr oder Ihr Auto wählen. Nehmen Sie sich etwas vor, das Ihnen einfach vorkommt, einen Gegenstand, bei dem es nicht schade ist, wenn der Reparaturversuch nicht gleich beim ersten Mal klappt. Bei einem Hocker wackelt ein Bein? An der Kaffeetasse muss schon lange wieder der Henkel befestigt werden? An der Bluse ist ein Knopf ausgerissen, in den Pullover haben Motten Löcher gefressen? Das sind perfekte Projekte für den Start, Ihnen fallen aber sicher noch bessere ein!

4. Suchen Sie mal auf Youtube oder ähnlichen Plattformen, ob es dort ein Video für Ihr Projekt gibt. Sie werden staunen, wie viele Reparaturanleitungen schon als Video vorliegen!

5. Wenn Sie etwas Neues probieren, wird das mit genügend Aufregung verbunden sein. Minimieren Sie also alles, was Sie sonst noch aus der Ruhe bringen könnte. Schaffen Sie sich, wenn möglich, einen Platz, an dem Sie

ungestört arbeiten können. Die Beleuchtung sollte gut sein, ausreichend Platz vorhanden, und Sie sollten vor plötzlichen Störungen geschützt sein. Idealerweise können Sie dort auch ein Zwischenergebnis liegen lassen.

6. Planen Sie ausreichend Zeit ein. Jetzt wollen Sie erst einmal ein gutes Ergebnis, das soll nicht an fehlender Zeit scheitern.

7. Prüfen Sie, welche Werkzeuge und Materialien Sie brauchen. Alles sollte griffbereit liegen, bevor Sie anfangen. Wenn Sie ein Video oder eine Gebrauchsanleitung gefunden haben, gehen Sie Ihre Reparatur schon einmal im Geiste durch, um sicherzustellen, dass Ihnen nichts fehlt.

8. Legen Sie ein kleines Tagebuch der Reparatur an, das Ihre Fortschritte dokumentiert.

9. Ach ja, und vergessen Sie nicht: Sie müssen wirklich nicht unbedingt ein Projekt für sich alleine daraus machen. Viel mehr Spaß werden Sie haben, wenn Sie zusammen mit anderen arbeiten. Vielleicht Ihr Nachbar oder ein guter Freund. Im Zweifelsfall gründen Sie einfach selbst einen Reparaturclub! Mitarbeiter des Deutschen Museums und des gegenüberliegenden Deutschen Patent- und Markenamts haben zum Beispiel eine kleine private Reparaturrunde gegründet, die sich einmal im Monat trifft. Jeder bringt mit, was gerade repariert werden soll, von der Kaffeemaschine aus dem Büro bis hin zu Schnäppchen vom letzten Flohmarktkauf. Viele sind Physiker, aber natürlich dennoch keine Experten auf

dem Gebiet von defekten Toastern, Mikrowellengeräten oder eben Kaffeemaschinen.

Wenn ich Zeit habe, nehme ich daran teil, es ist jedes Mal ein Heidenspaß. Da wird das kaputte Gerät auf den Tisch gestellt, und einer aus der Runde macht die Ansage: »Leute, jetzt lasst uns gemeinsam überlegen, was hier los ist! Was ist kaputt, und wie gehen wir vor, damit wir das Ding wieder zum Laufen bringen können?« Wie bei den Repair Cafés ist dieser Reparaturclub auch eine gesellschaftliche Plattform, um sich nicht nur über defekte Geräte auszutauschen. Das gesellige Erlebnis fördert die Erkenntnis, dass auch andere Probleme durch Zusammenhalt zu lösen sind. Und was besonders interessant ist: Manchmal kommt man ins gemeinsame Philosophieren darüber, was die Technik der Zukunft uns bringen wird und wie schnell die Gesellschaft sich verändert. Was gut ist und bleiben soll und was einer Veränderung bedarf.

Neben Reparieren tun Sie gut daran, auch durch Kaufentscheidungen in die »Marke Eigenbau« zu investieren. Zwar sind selbst gemachte Kleidungsstücke, wenn man sie zum Beispiel auf einem Wochenmarkt ersteht, heute häufig eher teurer als die Produkte global operierender Billigmodeketten. Ziehen Sie bitte dennoch immer in Betracht, sie zu erwerben, gerade wenn Sie auf lange Sicht etwas von »ihnen haben wollen«. Oder Sie versuchen sich eben selbst am kreativen Werkeln. Es lohnt sich.

Wenn Sie wieder selber reparieren können, nehmen Sie wahren Anteil an dem Produkt. Wenn ich die Ware erstehe, die irgendwo in Asien hergestellt wurde, bin ich den Gegenständen entfremdet. Ich habe kein Verständnis mehr, was den Kreislauf ihrer Entstehung betrifft, warum sie so und nicht anders funktionieren. Maximal macht man noch über die Bedienungsanleitung Bekanntschaft mit dem Produkt. Hat es dann einen leichten Fehler oder ist kaputt, wird es ohne weitere Überlegung weggeworfen, ersetzt. Es geht halt leider oft nicht anders.

Eine Kultur der Reparatur eröffnet einen emotionalen Zugang zu unseren Produkten. Wenn ich etwas selbst gebaut und hergestellt oder zumindest schon einmal erfolgreich repariert habe, werfe ich es nicht so einfach weg, wahrscheinlich nur im äußersten Notfall – selbst wenn das Ergebnis nicht gerade optimal ausgefallen ist. Im Gegenteil: Mit allen Mitteln versuche ich, diesen Gegenstand doch noch zu reparieren, zu erhalten, und wenn es nur ein schlichter Hammer ist.

Mein Aufruf zu einer Kultur der Reparatur hat nicht zum Ziel, Handwerker arbeitslos zu machen. Im Gegenteil. Er zielt darauf, uns alle wieder handlungsfähiger, autonomer zu machen, und darauf, Jugendliche wieder für handwerkliche Berufszweige zu begeistern. Ich betreibe hier gewissermaßen im Gegenteil Werbung für den Nachwuchs im Handwerk. Es ist in meinen Augen eine Tragödie, dass gerade in teuren Städten wie München immer mehr alteingesessene kleine Handwerksbetriebe aufgeben müssen, weil sie sich die Mieten nicht mehr leisten können oder kein Auskommen mehr finden. In lebendige Viertel sollten kleine Handwerksbetriebe in Zukunft wieder einziehen. Es liegt an uns Verbrauchern, ob sie das schaffen. Aber auch für jeden Ingenieur gilt: Er sollte den Handwerker in sich kennen, Dinge genau angeschaut und auch probiert haben, sie wieder zu reparieren. Nur wer herausgefunden hat, was das Problem bei einem Defekt ist, wird einen echten Zugang zu den grundlegenden mechanischen Vorgängen gewinnen, auf denen unsere Kultur beruht. Dass dies so ist, mag man sich nur am Beispiel der Literatur überlegen, die es ohne das Buchdruckerhandwerk, ohne Gutenberg und Senefelder nicht gäbe.

Der Lohn der Reparatur

Gemeinschaft

Im vorigen Kapitel wurde der Aspekt der Gemeinschaft schon angesprochen. Gemeinschaftliches Reparieren habe ich in meinem Leben als ungeheuer gewinnbringend erfahren.

Z.B. sind Röhrenverstärker schon lange meine Leidenschaft, schließlich bin ich Radiosammler. Keineswegs jedoch habe ich sie von Anfang an alleine reparieren können. Auch heute hole ich mir oft Hilfe von Freunden, z.B. von Flohmarkttypen, wie ich sie nenne, deren Leben kennenzulernen ich als große Bereicherung empfinde, die mich erdet. Wenn ich meine eigene Reparaturbiografie betrachte, so ist sie ein Prozess, der als Learning by doing mit Fremdhilfe beschrieben werden kann. Gut, wenn man da Freunde, einen Kreis von Gleichgesinnten um sich hat, den man um Rat fragen kann. Nur so habe ich mich nach und nach an neue Dinge herangewagt. Und noch heute erfahre ich bei der Reparatur Hilfe von befreundeten Experten. Als ich damit begann, Musikboxen wie die Wurlitzer oder die Rock Ola zu sammeln, die natürlich nur mit Röhrenverstärker so wunderbar klingen, kam mir das besonders zugute.

Ich bezeichne Musikboxen auch gern als komplizierteste elektromechanische Maschinen, die ich noch selbst oder mit Freundeshilfe reparieren kann. Voraussetzung dafür war, dass ich mich mit ihrer Funktionsweise genauestens auseinandersetzte.

Als Erstes konsultierte ich meine Bibliothek. Spannend war ein Buch mit dem Titel *Der Radio-Amateur »Broadcasting«* aus dem Jahr 1923, in dem es im Kapitel VIII um Röhrenverstärker geht und darum, wie man ein Röhrenradio wieder in Gang setzt. Der Autor, Eugen Nesper, ein Hochfrequenztechniker und Rundfunkpionier, hatte sich bemüht, das Problem verständlich zu formulieren, eindeutig wollte er sich auch interessierten Laien mitteilen.

Moderne Ratgeber dagegen sind oft an Spezialisten gerichtet, man spürt keine unmittelbare Nähe zum Gegenstand mehr, und natürlich ist die behandelte Technik viel komplexer. Kürzlich erwarb ich ein Buch aus einem DDR-Verlag, ein Lehrbuch zur Ausbildung von Juwelieren und Uhrmachern. Als ich in diesem las, konnte ich ohne Schwierigkeiten verstehen, wie eine »Unruh« funktioniert oder wie man einen Ring weitet. Es war ein ähnliches Erlebnis wie zu meiner Zeit als Student, als ich mir *Brehms Tierlexikon von A bis Z* kaufte. Ein grandioses Buch.

Zwar steht da nichts drin über die Molekularbiologie eines Kreuzschnabels, aber nirgendwo besser als in diesem Nachschlagewerk fand ich beschrieben, wie man ein Terrarium für Amphibien anlegt – was für mich besonders wichtig wurde, als meine Tochter mit Eidechsen nach Hause kam, die sie zum Brüten bringen wollte.

Ältere Bücher, in denen es um die Bauweise und Reparatur von Technik geht, sind oft wesentlich leichter zu verstehen als die heutigen Reparaturführer. Die Geräte sind natürlich auch meist einfacher. Was ich sagen will: Das Alte ist nicht immer out. Journalisten fragen mich immer wieder, manchmal sogar mit einem leichten Vorwurf in der Stimme: »Was gibt es denn Neues in der Technik, Herr Heckl? Was ist neu in der Nanotechnologie? Was ist ›the next big thing‹ in der Wissenschaft?« Am liebsten möchte ich in einem solchen Fall eine Antwort geben, die der in Hannover geborene Astronom und Musiker Wilhelm Herschel (1738–1822) bei einer vergleichbaren Frage gegeben hat.

Herschel hatte den Planeten Uranus entdeckt und wurde daraufhin zum Mitglied der ehrenhaften Royal Society of London berufen. Finanziell wurde der Forscher von George III., dem damaligen britischen Regenten, unterstützt. Anlässlich einer Audienz bei König George III. fragte der Monarch: »Was gibt es denn Neues, Herschel?« Die Antwort des Wissenschaftlers soll gelautet haben: »*Has His Majesty understood the old stuff yet?*«

Wer reparieren will, sollte dies aber nicht nur aus Büchern lernen. Der persönliche Umgang mit anderen Menschen ist beim Reparieren essenziell. Repariert man etwas zusammen, kann jeder von den Erfahrungen des anderen profitieren: »Hey, wie machst du das? Darauf wäre ich nie gekommen ...« Reparieren wird so zu einem sozialen Event, das sinnvolle Austauschmöglichkeiten von Mensch zu Mensch einschließt. Das beginnt im Grunde schon, wenn ein Schraubenschlüssel zu Boden fällt. Hört man das charakteristische »Kling«, weiß jeder: Der Nachbar liegt wieder unter seinem Motorrad und repariert es. Eine gute Möglichkeit, mal vorbeizuschauen und einen kleinen Schwatz zu halten. Das nachbarschaftliche Gespräch ist in seiner sozialen Funktion nicht zu unterschätzen. Es verhindert, übertrieben gesprochen, den langwierigen Gerichtsprozess über den Apfelbaum, der über den Gartenzaun herüberhängt.

In meiner Bekanntschaft gibt es einen Freundeskreis, der sich wöchentlich zu einem Reparaturabend trifft. Hier wird gefachsimpelt und bei einer – natürlich – guten Flasche Wein jeweils ein Projekt bearbeitet. Vor einiger Zeit war es das defekte Mahlwerk einer Espressomaschine, die zunächst zerlegt wurde, um dann festzustellen, dass ein entscheidendes Bauteil nicht aus Metall, sondern aus wenig strapazierfähigem Plastik hergestellt und daher schon nach kurzer Dauer gebrochen war. Wir fanden nach aufregender Suche ein Ersatzteil bei einem Internethändler und bauten es dann an einem der nächsten Abende ein. Interessant ist die Zusammensetzung der wachsenden Runde, sie besteht nicht nur aus Physikern oder Elektrotechnikern.

Mit von der Partie sind Patentanwälte, auch ein Philosoph ist darunter. Frauen sind noch nicht zu uns gestoßen, vielleicht ist das besser, weil sonst die Gefahr des männlichen Besserwissens besteht, das man aus der Schule vom Physik- oder Mathematikunterricht kennt. Da ist unsere Runde noch nicht so weit, aber in den neuen Reparaturclubs ist das nicht mehr so. Ein gutes Zeichen. Immerhin wurde in unserer Reparaturrunde durch die disziplinenübergreifende Zusammensetzung der vielfach beklagte »Clash of Cultures«, die scheinbare Unüberbrückbarkeit von Natur- und Geisteswissenschaften, offensichtlich überwunden. Konkret äußert sich das in den lebhaftesten Diskussionen: über zu billige Herstellungsweisen, die Kurzlebigkeit der Produkte und die Frage, wie hoch man Preise bei Qualitätsprodukten ansetzen könne.

Meine Bianchi Aquilotto, der Mann vom Flohmarkt und ich

Es geht beim Reparieren gerade nicht darum, dass die Experten ihr Herrschaftswissen horten. Menschen wollen in aller Regel ihr handwerkliches Wissen an andere weitergeben, und zwar leidenschaftlich. Das habe ich häufig in meinem Leben erfahren, so auch, als ich meine Bianchi Aquilotto in Angriff nehmen wollte, mein Fahrrad mit Hilfsmotor aus dem Jahr 1942.

Ich liebe dieses Fahrrad, doch irgendwann fing es an,

immer schlechter zu ziehen. Es schien, als hätte der Zweitaktmotor, der über eine Reibrolle auf den Hinterreifen
wirkt, keine Kraft mehr. Ich hatte nicht die geringste Ahnung, wie ich ihn wieder zum Laufen bringen sollte, nachdem ich einfache Ursachen ausgeschlossen hatte. Durch
Zufall lernte ich dann auf einem Flohmarkt in Oberammergau einen älteren Herrn kennen. Er betrieb einen
Stand, an dem er kleinere Maschinen und Maschinenteile
verkaufte. Mir gefiel eine Art kleiner Schleifmotor. Was ich
damit hätte anstellen sollen, hätte ich nicht sagen können,
aber ich mochte die Machart, das Design und die einfache
Mechanik. Anscheinend konnte der ältere Herr Gedanken
lesen, denn er fragte: »Wissen Sie überhaupt, was das ist?«

»Na ja«, erwiderte ich, »so genau könnte ich es nicht
sagen, aber mir gefällt es.«

»Aha, dann erkläre ich es Ihnen mal.«

Dabei stellte sich heraus, dass der Mann ein pensionierter Kfz-Meister war. Ich hatte einen richtigen Spezialisten vor mir, jemanden, der sich auskannte und sein Wissen
mit großer Freude mit mir teilte. Unter Kollegen mit gleichem Wissensstand hätte man das wohl Fachsimpeln genannt, hier nahm sich eher ein Meister seines Lehrlings
(der ich gerne wurde) an.

Das Gerät war, wie sich herausstellte, eine spezielle
Schleifmaschine mit spezifischer Auflagevorrichtung für
Drehstähle, die durch Gebrauch stumpf geworden waren
und die man zum Einsatz in Drehmaschinen wieder scharf
machen wollte. Also ein Reparaturgerät gewissermaßen.

Als der Mann vernahm, dass ich eine solche Drehmaschine besaß, war er vollends begeistert, weil es sich um keine moderne, sondern eine ganz alte aus dem frühen letzten Jahrhundert handelte, die ich mal erstanden hatte, weil mir ihre Ästhetik so gefiel und sie noch mit Riemenantrieb arbeitete. So etwas kann man sonst nur noch in der historischen Werkzeugmaschinenabteilung, natürlich viel größer, im Deutschen Museum bewundern. »Was, Sie haben so eine alte Drehbank zu Hause? Was ist denn das für ein Modell?«

Immer intensiver kamen wir ins Gespräch. Kurzum: Noch während der Flohmarkt abgehalten wurde, packte er seine Sachen zusammen und fuhr mit zu mir nach Hause. Unbedingt wollte er sich meine Drehmaschine anschauen, und ich hatte jene Vorfreude, die Sammler ganz genau kennen, wenn sie ihre Schätze einem Gleichgesinnten präsentieren dürfen.

Nach unserer Ankunft betraten wir beide sofort meine Garage, und der einstige Kfz-Mechaniker bedachte meine Drehmaschine, ein amerikanisches Modell der Firma Southband aus den zwanziger Jahren, mit viel Lob. Doch hielten wir uns damit nicht lange auf, sogleich holte er die Schleifmaschine hervor, um meine Drehstähle zu bearbeiten. »Man muss halt mal gezeigt bekommen, wie es funktioniert. Früher zeigte es der Vater seinem Sohn, der Großvater seinem Enkel – jetzt zeige ich es Ihnen.« Selbstverständlich kann man über die Bedienung solcher Maschinen auch schon einiges aus einem Buch erfahren, es geht aber nichts über eine Demonstration vor Ort. Denn man muss es schon sorgfältig und richtig machen, will man sein Werkstück nicht verschlimmbessern. Außerdem ist es sinnlicher, wenn man gemeinsam zuschauen kann, wie die Schleiffunken nur so wegspritzen. Natürlich haben wir uns anschließend an die Benutzung der Drehbank gemacht und Verschiedenes ausprobiert. Eine Brotzeit kam hinzu, es wurde spät, und wir hatten viel Freude.

Nachdem ich in die Geheimnisse des Drehstahlschleifens eingeweiht war, entdeckte er meine Bianchi Aquilotto. Sie ist nicht restauriert, aber in einem guten Gebrauchszustand, und das seit gut siebzig Jahren. Mein schönster Spontankauf auf einem italienischen Mercato Antiquario.

»Die geht auch nicht mehr so, wie sie sollte«, bemerkte ich, nachdem ich seinem Blick gefolgt war. »Sie zieht nicht mehr richtig.«

»Haben Sie denn schon etwas dagegen unternommen?«

»Den Auspuff habe ich mir angesehen, die Kompression habe ich gemessen, die Reibrolle gesäubert, aber irgendwie finde ich nicht heraus, woran es liegt.«

»Da müssen wir gleich mal gucken«, erklärte meine neue Flohmarktbekanntschaft. »Trivial ist das Problem nicht, aber ich habe da einen leisen Verdacht, was es sein könnte.«

Und der bestätigte sich später, nachdem der Zylinder ausgebaut war: Die das Verbrennungsgas führenden Kanäle im Inneren des Motors waren zugesottet. Es gab aber auch eine gute Nachricht: Das Problem war lösbar.

Der pensionierte Kfz-Mechaniker hatte sofort eine Lösung parat. Die war jedoch etwas komplizierter: »Wissen Sie was, wir bauen den Motor hier an Ort und Stelle aus, und dann nehme ich ihn mit zu mir nach München. Dort werde ich ihn zerlegen, dafür habe ich hier die Zeit nicht mehr.« Und so machten wir es dann auch.

Eine Woche später rief er an: »Ich habe alles zerlegt, aber ich mache Ihnen einen Vorschlag: Sie sollten, wenn Sie Zeit haben, bei mir vorbeikommen und ihn unter meiner Anleitung selbst wieder zusammenbauen. So lange bleiben die Teile offen herumliegen. Wenn Sie sich die Einzelteile anschauen, die Kanäle mit einem Bürstchen reinigen und dabei lernen, wie alles im Detail aussieht, können Sie es beim nächsten Mal allein, weil Sie es verstanden haben.«

Da hatte ich nun einen Lehrmeister. Ich hatte außerdem einen neuen Bekannten gewonnen, den ich sehr schätze. Er war ein klassisches Beispiel für die Art von älteren Menschen, deren Erfahrung in unserer Gesellschaft nicht genug wertgeschätzt wird.

Reparieren macht kreativ

Reparieren ist ein tatkräftiges Eingreifen, es ist das kreative Beenden von Fehlzuständen, ein Suchen nach Alternativen. Kreativ muss man schon sein, weil man in der Regel ohne genaue Reparaturanleitung arbeiten muss, weil man hin und wieder Ersatzteile selbst zusammenbasteln muss, weil es sie nicht mehr gibt, und weil man auch nicht selten mit nicht optimaler Werkstattausstattung auszukommen hat. Man kann ja nicht jeden Spezialschlüssel zu Hause haben, nicht jeden Herstellungsvorgang eines zu reparierenden Gegenstandes im Detail und damit auch die entsprechende Reparaturstrategie von vornherein kennen. Damit hat man oft ein System vor sich, das man in der Kybernetik vielleicht zu unterdeterminiert nennen würde – also nicht vollständig genug bestimmt –, um eine eindeutige Handlungsanweisung hinsichtlich der Reparaturschritte parat zu haben. Nun muss man mit *best guess*, mit *trial and error* arbeiten, schlichtweg einfach mal etwas ausprobieren, kreativ sein und von seinen Fehlern lernen. Man kann auch sagen, man muss sich eben zu helfen wissen.

Der Prozess der Reparatur aktiviert so brachliegende Potenziale. Gerade im Bereich der Erziehung von Kindern und Jugendlichen ist die Erweiterung der eigenen Fähigkeiten, die Erarbeitung neuer Möglichkeiten eminent wichtig. Das ist der Kern der Entwicklung, die Essenz des Lernens. Auf der demographisch anderen Seite der Gesellschaft, es mag wie eine Utopie klingen, sollte man nichts unversucht lassen, um das vielfach vorhandene, aber ungenutzte Potenzial älterer Menschen mit großer (Berufs-)Erfahrung für die jüngeren Generationen erlebbar zu machen. Menschen haben im Lauf ihres Lebens häufig ungeheure Fähigkeiten erworben und entwickelt, die sie im Alter nicht mehr nutzen, weil sie, im Extremfall, durch mangelnde sinnvolle Aufgaben in eine Art Teilnahmslosigkeitsverhalten gedrängt werden. Auch Menschen, die arbeitslos sind, verfügen über Reparier-Know-how, und es gibt wunderbare Initiativen, wo sie über Reparaturshops wieder sinnvolle bezahlte Arbeit finden.

Kultivieren wir unsere Fähigkeiten, trainieren wir mit dem Reparieren selbstverantwortliches Handeln. Machen wir wieder die Erfahrung, nicht von anderen abhängig zu sein. Diese Erfahrung kann sich dann auf alle möglichen anderen Bereiche übertragen. Wer etwas beherrscht, das Anerkennung bringt, fühlt sich auch auf anderen Gebieten lernfähiger. Experimente von Psychologen haben gezeigt, dass die Erfahrung der Hilflosigkeit die Lernfähigkeit des Menschen einschränkt. Das Reparieren bewirkt das genaue Gegenteil, es setzt im Gehirn kognitive Prozesse in Gang.

Der erste Schritt zum Machen ist das Heranwagen. Wenn ich es dann geschafft habe, z. B. meinen Toaster zu reparieren, werde ich durch das Erfolgserlebnis zu neuen Taten angespornt. Und ich entwickle eine Art missionarischen Eifer, auch anderen dieses Wunder der Autonomie näherzubringen, zum Beispiel bei lokalen Reparaturtreffs: ob Elektronik, Strick- und Werkgruppen oder ein Open Lockpicking Workshop im Makerspace in Hamburg, der sich an die Sportsfreunde der Sperrtechnik wendet und wo es heißt, dass der Anfänger einen Einblick in das zerstörungsfreie Öffnen von Schlössern aller Art erhalten kann.

Ich hoffe, die erlernten Kenntnisse werden nicht zu unlauteren Zwecken verwendet.

Neu an der gegenwärtigen, wachsenden Reparaturbewegung ist, dass die einzelnen Cafés und Treffpunkte im sozialen Netzwerk des Internets aktiv sind, manche schalten sogar Werbung und bieten ihre handwerklich erzeugten Produkte zum Kauf an. Damit hat sich natürlich die Plattform ungeheuer erweitert, nimmt man die Zahl der interessierten Menschen zum Maßstab, die nun adressiert werden können. Der junge, nach 1980 geborene *Digital Native* bringt dabei dem älteren die digitalen Welten näher, während der ältere dem jungen die Welt des mechanischen Reparierens erklärt. Ein generationenüberschreitendes Projekt. Vielleicht könnte man Reparaturkurse in einem Altenheim organisieren, zu denen man dann Kinder und Jugendliche einlädt. Reparieren ohne Grenzen gewissermaßen, mit den vielen positiven sozialen Nebeneffekten, die sich daraus ergäben. Und ein Beispiel, dass neue von alter Technik genau wie alte von neuer profitieren kann.

Das Hochgefühl der Autonomie

Bei meinem MacBook Air stellte ich eines Tages fest, dass sich der Kopfhörerstecker nicht mehr ins Notebook einstecken ließ. Dass ich ihn am Ende erfolgreich reparieren konnte, lag nicht nur an einzelnen mechanischen Fertigkeiten, die ich anwenden konnte, sondern an einem ganz bestimmten Ablauf von Überlegungen, vergleichbar denen, die ein Arzt anstellen muss, der von der Anamnese zur Therapie und zur Heilung schreitet. Zuerst sammelte ich Informationen – der unabdingbare erste Schritt, ganz gleich ob bei Holzarbeiten oder beim Elektronikbasteln, ob im Baubereich oder bei Kfz-Reparaturen. In meinem Fall waren es, es mag sich simpel anhören, diese: Ich möchte mit meinem Kopfhörer ein Lied auf meinem Computer hören, aber ich bin dazu nicht in der Lage, weil der Klinkenstecker, der zum Anschluss eines Kopfhörers verwendet wird, nicht richtig funktioniert. Die relevante Information dabei ist die, dass der Klinkenstecker der Ort des Defekts sein musste und nicht etwa die eigentliche Rechnerhardware.

Die Eingrenzung des Defekts ist eine geistige Tätigkeit, ist systematisches Denken, das entscheidend ist, bevor ich als Handwerker überhaupt den ersten manuellen Schritt ausführen kann. Bei der Glühbirne etwa ist die Fehleranalyse noch relativ einfach. Habe ich festgestellt, dass die Wendel kaputt ist, gehe ich in einen Laden, kaufe dort eine neue Glühbirne und tausche die alte gegen die neue aus. Liegt es nicht daran, untersuche ich, natürlich von der Spannung getrennt, die Kabel, den Stecker, die Birnenfassung usw. In anderen Fällen, etwa in dem meiner Wasserpumpe im Garten, ist es schwieriger. Man muss eine elektronische Schaltung ausbauen, um herauszufinden, dass vielleicht eine Diode durchgeschmort ist, die dann offensichtlich auch der Grund für die fehlerhafte Steuerung der Pumpe war. Doch was ist das für eine Diode – falls man überhaupt weiß, was eine Diode ist und wie sie funktioniert? Wozu ist sie eigentlich in dem Steuergerät? Und wozu dient dieses eigentlich? Und warum ist es dort vielleicht zu heiß geworden? Ist der Strom zu stark gewesen, sodass der Elektronenfluss durch die Reibung im Widerstandsmaterial eine zu hohe Temperatur erzeugte?

Um eine korrekte Fehleranalyse hinzubekommen, muss ich eine Art Strategiespiel spielen. Ob ich einen platten Fahrradreifen habe oder meine Waschmaschine defekt ist: Immer muss ich mir vor der aktiv ausgeführten Reparatur eine Strategie zurechtlegen. Diese kann wie eine praktische philosophische Methode nach René Descartes aufgefasst werden, die von der Skepsis (was ist überhaupt kaputt?) über die Analyse (Zerlegung in Teilschritte und Folgen daraus) zur Konstruktion (Fortschreiten des Reparaturvorgangs) bis zur Rekursion (hat die Reparatur geklappt?) führt.

Im Falle meines Problems, keine Musik hören zu können, konnte ich als Abschluss der Analyse festhalten: Es klappt nicht, das Tonsignal auf einen anderswo als intakt getesteten Kopfhörer zu leiten. Der interne Lautsprecher im Computer funktioniert und spielt meine Musik ab. Daher kann das Problem eingekreist werden. Das Problem ist nicht der Kopfhörer und nicht der Computer, es muss in der Verbindungsstelle zwischen Kopfhörer und Computer, also im Kopfhörerstecker verborgen sein.

Das erforderte die nächste Aktion: Konzentration auf die Steckerbuchse. Diese wollte ich von innen untersuchen, doch um in sie hineinschauen zu können, brauchte ich zwei Dinge: eine helle Lampe und eine Lupe. Besseres Sehen hat schon manche Erkenntnis ermöglicht. Der Einsatz des Vergrößerungsglases brachte es dann auch tatsächlich ans Licht: Die Spitze des Steckers eines alten Audioverbindungskabels war in der Buchse hängen geblieben, abgebrochen, ohne dass ich es bemerkt hatte.

Was jetzt? Es gab zwei Alternativen zur Reparatur des Problems. Die eine hatte damit zu tun, das Computergehäuse zu öffnen und die Buchse von innen von dem abgebrochenen Teil zu befreien, die andere, es ungeöffnet, also von außen zu versuchen. Beiden Möglichkeiten näherte ich mich an, noch wollte ich keine Entscheidung für die eine oder andere Option treffen. Natürlich besaß ich eine Bedienungsanleitung für mein MacBook Air, aber keine dafür, wie ich es öffnen konnte, um zu sehen, was es genau mit der Buchse auf sich hatte. Schon aus früheren Reparaturen wusste ich, dass es auf Youtube hervorragende kleine Anleitungen gibt, um solche Defekte wieder in den Griff zu bekommen. Diese hatten Leute aus den unterschiedlichsten Ländern der Erde ins Netz gestellt, weil sie mit ähnlichen Schwierigkeiten zu kämpfen gehabt und die Defekte erfolgreich repariert hatten. Noch dazu waren sie für Hightech-Laien nachvollziehbar und verständlich erklärt, sodass mit ihnen auch scheinbar komplexe Probleme gelöst werden können. Selbst wenn sie mal nicht konkret anleiten, helfen sie einem dabei, den richtigen Dreh zu finden, die genial einfache Idee.

Ein Blick ins Internet führte mich schnell zu einschlägigen Foren, in denen Reparaturanleitungen für mein Notebook kursierten. Aber noch hielt mich etwas davon ab, gleich das ganze Gerät zu öffnen. Gab es nicht vielleicht doch eine Chance, das in der Buchse steckende Vorderteil des abgebrochenen Klinkensteckers mit der Pinzette herauszuziehen? Doch bevor ich das Experiment mit der Pinzette wagte, nahm ich einen alten, ausgedienten Kopfhörerstecker und zerlegte ihn. So konnte ich herausfinden, wie das hängengebliebene Teil überhaupt genau aussah, welche Art von Pinzette ich für meine »Operation« benötigen würde.

Das Teil, das meinen Kopf zum Rauchen brachte, war nicht größer als zwei Millimeter und röhrenartig konstruiert, hinten offen und vorne geschlossen abgerundet. Es war einfach der eine Pol der Stereoleitung. Bei Betrachtung der Sachlage entschied ich mich gegen eine Pinzette, weil mir schnell klarwurde, dass diese an einem runden, glatten Metallstück wohl nichts zu greifen finden würde. Stattdessen holte ich aus meiner Werkstatt einen Zwei-Millimeter-Gewindebohrer. Das erschien mir erfolgversprechender. Ich wollte von hinten ein Gewinde in die steckengebliebene röhrenförmige Buchse bohren, um danach eine Schraube einzudrehen und diese dann, nun besser mit der Pinzette greifbar, zusammen mit der Buchse herauszuziehen. Leider falsch gedacht. Es ließ sich kein

Gewinde in die Kopfhörersteckerhülse bohren, denn diese drehte sich mit. Klar, ein Gewinde kann man nur bohren, wenn das Rohr, in das man es hineinbohren will, auch festsitzt. Tat es auch in Achsrichtung. Aber zugleich drehte es sich um die Achse, weil es ein rundes Teil ist. Das hatte ich nicht beachtet, also doch keine gute Strategie.

Vielleicht war die Pinzette doch die bessere Alternative? Mehrmals probierte ich es mit diesem sonst so hilfreichen Greifwerkzeug, genauso oft glitt ich ab. Das Spiel konnte ich endlos fortsetzen. Es war sinnlos.

Blieb also die Möglichkeit, das Computergehäuse aufzuschrauben und sich alles von der Innenperspektive anzuschauen. Eventuell konnte man das Steckerteil von innen ausbauen. Zu bemängeln war, dass der Hersteller es so eingerichtet hatte, dass es bei diesem Modell eines Spezialschraubenziehers bedurfte, um das Gehäuse überhaupt öffnen zu können. Um die Schrauben des Notebooks zu lösen, hätte ich einen Inbusschlüssel benötigt, aber nicht den üblichen mit dem Innensechskant. Was ich brauchte, war ein Schlüssel mit einem Innenfünfkant. Das stellte ich aber auch nur fest, als ich mir diese merkwürdige Angelegenheit unter einem Vergrößerungsglas anschaute. Die fünfzähligen Schrauben sahen sehr hübsch aus, fast wie Blütenköpfe, aber die Ästhetik half nicht darüber hinweg, dass ich für sie keinen passenden Inbusschlüssel besaß. Und auch in den einschlägigen Geschäften, in denen ich Stammkunde bin, stieß ich nur auf ein verneinendes Kopfschütteln. Mir blieb nichts anderes übrig, als ihn übers Internet zu bestellen und auf die Post zu warten.

Inzwischen hatte ich mir im Netz die Anleitung ausgesucht, die mir am besten gefiel: Auf Youtube fand ich ein Video mit dem Titel »MacBook Air Disassembly« von Gavin Brown, das wirklich sehr zu empfehlen ist. Schritt für Schritt erklärte mir Gavin, wie ich das Gehäuse aufzuschrauben hatte. Innerhalb von knapp fünf Minuten erfuhr ich, welche Schrauben ich an der Abdeckplatte lösen musste, welche Schrauben länger sind (»Das Ganze klemmt ein wenig, aber ihr könnt ruhig etwas dran ziehen«). Es war eine brillante Eins-zu-eins-Anleitung, von einem Computer-Bastler ins Netz gestellt. Natürlich arbeitet man dabei auf eigenes Risiko, und unter Umständen verliert man auch Garantieansprüche. Aber man darf die andere Seite nicht außer Acht lassen, die positiven Erfahrungen. Man gewinnt Selbstvertrauen und vor allem Erkenntnisse, auch wenn es mal nicht klappen sollte.

Nachdem das Gehäuse aufgeschraubt war, sah ich, dass die Kopfhörerbuchse leider nicht von hinten, also von der Steckerseite, zugänglich war. Ich gelangte tatsächlich nicht aus dem Innenraum des Computers an das festsitzende abgebrochene Steckerende des alten Audioverbindungskabels heran. Mist!

Gavin hatte für einen solchen Fall aber ebenfalls eine Lösung parat – anscheinend war ich nicht der Einzige, der sich mit abgebrochenen Teilchen in Kopfhörer-Buchsen herumschlug. Ich schraubte das Notebook wieder zusammen und folgte Gavins Vorschlag: Nimm einen Zahnstocher oder etwas Vergleichbares und versehe ein Ende mit einem Zweikomponentenkleber. Danach stecke das Teil mit dem Kleber in die Buchse, in dem das abgebrochene Steckerteil feststeckt, lasse den Kleber trocknen, dann ziehe alles zusammen vorsichtig heraus.

Warum nicht? Mein Bauchgefühl signalisierte mir, dass ich auf der richtigen Spur war. Nach etlichen Fehlversuchen schien die Lösung greifbar nah. Ich war aufgeregt wie ein Detektiv, der auf seinen Spürsinn und natürlich Gavins Tipps vertraute und kurz davor stand, den Täter in die Falle zu locken. Dabei hatte ich den Hinweis mit dem Kleber sogar zunächst verworfen – Kleber betrachte ich immer skeptisch und mit Vorbehalt, weil ein winziger Tropfen zu viel bereits ein großes Unheil verursachen konnte. Und mein neues Notebook wollte ich keineswegs ruinieren. Bohrer und Zangen lagen mir näher. Nach einem Moment der inneren Abwehr leuchtete mir diesmal die Adhäsionskraft des Klebers jedoch ein, eine Doppelklebefolie, gewickelt um einen Zahnstocher, hätte nicht fest genug gehalten, um ein Metallteil aus einer Buchse herauszuziehen.

Dabei wurde ich etwas abgelenkt, weil ich nicht umhinkam, über die faszinierende Fähigkeit eines Zweikomponentenklebers, immense Adhäsionskräfte zwischen zwei Teilen zu vermitteln, nachzudenken: Es fiel mir ein, dass ich als Student das Buch *Schritte über Grenzen* des berühmten Physikers Werner Heisenberg gelesen hatte, der sich schon als Schüler nicht vorstellen konnte, dass man sich, wie zu seiner Zeit gelehrt, chemische Bindungen durch Häkchen und Ösen zwischen Atomen vermittelt vorstellen müsste. Atomistisch betrachtet ist Adhäsion nämlich eine schwierige Sache. Denn welche Kräfte waren es, die zwei sich berührende Oberflächen, also in diesem Fall die Metallatome des Steckers auf der einen Seite und Kohlenstoffatome des Holzzahnstochers auf der anderen, fest miteinander verbinden konnten? Waren es induzierte Dipol-Dipol-Wechselwirkungen, die sogenannten Van-der-Waals-Kräfte, oder kovalente chemische Bindungen, die hier durch den Kleber vermittelt eine Rolle spielten? Woher nehmen Klebstoffe, auch die, die die Natur bereitstellt, ihre Kraft und auch Flexibilität – zum Beispiel die auf der Nanoskala wirkenden Härchen an den Füßen von Geckos, die senkrecht eine Glaswand hochlaufen können, also kleben bleiben und sich doch Schritt für Schritt wieder ablösen? Fragen über Fragen, die mich abschweifen ließen von der eigentlichen Reparaturaufgabe. Sicher geht es Ihnen auch manchmal so, dass Sie sich in Gedanken verlieren und eine Assoziationskette aufbauen, spannend und tagträumerisch zugleich. Aber ich bekam dann doch die Kurve.

Ein Zahnstocher fand sich schnell, vorsichtig bestrich ich ihn mit etwas Zweikomponentenkleber. Es war der letzte Tag im Jahr 2012. Kurz vor Mitternacht. Das Problem hatte mich nicht in Ruhe gelassen, und mein Ehrgeiz war erwacht. Ich wollte an diesem Silvestertag noch einen

Erfolg sehen. Ging ich mit einem solchen ins neue Jahr, würde ich es als ein Zeichen nehmen, das es mit Glückskeksen oder Bleigießresultaten allemal aufnehmen konnte, obwohl ich eigentlich nicht abergläubisch bin. Mir geht es da so wie dem berühmten Physiker Niels Bohr, von dem sein Kollege Werner Heisenberg folgende Anekdote überliefert hat: Über der Türe seines Ferienhauses sei ein Hufeisen angebracht gewesen. Danach gefragt, ob er als Physiker allen Ernstes abergläubisch sei, habe Bohr geantwortet: »Natürlich nicht; aber man sagt doch, dass es auch dann hilft, wenn man nicht daran glaubt.« Welch eine schöne Paradoxie. Nun ja, in meinem Fall wartete ich jedenfalls auf ein gutes Zeichen für das neue Jahr, im Falle, dass die Reparatur klappen würde.

Ich wartete ca. dreißig Minuten. Der Zweikomponentenkleber musste jetzt hart sein. Mitternacht war nur noch Sekunden entfernt. Ich zog den Zahnstocher heraus, und siehe da, meine Freude war riesig, die Methode hatte geschafft, worin alle anderen Reparaturstrategien versagt hatten. Ich konnte die steckengebliebene, abgebrochene metallene Spitze zusammen mit dem Zahnstocher herausziehen. Die Raketen zischten in den dunklen Nachthimmel, die Sektkorken knallten, das neue Jahr war angebrochen. Ein Erinnerungsstück lag in meiner Hand, ich schwor mir, es sorgfältig aufzubewahren, so wie man seinen ersten verlorenen Milchzahn vorsichtig in ein kleines Kästchen packt. Beide Trophäen stehen für eine ereignisreiche Zeit, jedoch mit einem kleinen Unterschied: Nur das abgebrochene Steckerteil fordert zur Reparatur heraus.

Es war ein äußerst befriedigendes Erlebnis, das Metallstück, über das ich mir viele Stunden den Kopf zerbrochen hatte, nun »erbeutet« zu haben, ohne das Notebook einschicken zu müssen, um das gesamte Steckerteil zu erneuern. Dann wäre es auch repariert worden, doch gänzlich ohne mein süßes Hochgefühl von Autonomie. Ich hatte mir bewiesen, dass ich zumindest in Sachen Kopfhörerstecker nicht von anderen abhängig war und die Reparatur mit dem entscheidenden Tipp selbst durchführen konnte.

Exkurs: Auf einer einsamen Insel –
Wenn Reparieren lebenswichtig wird

Seit vielen Jahren mache ich ein Gedankenspiel in immer neuen Varianten: Im Grunde ist es ein Robinson-Crusoe-Spiel: Wir sind auf einer Insel gelandet und müssen das Leben neu organisieren, erst mal natürlich die elementaren Bedürfnisse wie Wohnen und Essen befriedigen. Dabei müssen wir als Gruppe in der Lage sein, Hilfsmittel und Techniken neu entstehen zu lassen, die uns bislang selbstverständlich zur Verfügung standen. Wie mache ich ein Feuer ohne ein Feuerzeug?

Wer in einer geselligen Runde nachfragt, wie man eigentlich ein Feuer ohne Zündhölzer in Gang setzt, wird meist Schweigen ernten. Leserinnen von mittelalterlichen Romanen oder Besucher von Mineralienmessen werden womöglich eine Antwort parat haben: »Dazu braucht man einen Feuerstein.« Genau. Unseren Nachbarskindern schenke ich immer wieder welche und zeige ihnen, wie man aus dem Stein Funken heraushauen kann, wenn man ihn nur an ein Stück Metall schlägt, und darüber Watte hält, die sich dann entzündet. Computerkids erstaunt immer sehr, was da passiert. Manchmal fangen sie selber Feuer, wollen wieder in der realen Welt spielen, nicht nur in der virtuellen. Man muss nur verstehen, wie man dieses Feuer entfachen kann. Wer heute mit der U-Bahn zur Arbeit fährt, der muss nicht in der Lage sein, mit einem steinzeitlichen Feuerzeug einen Ofen anzuzünden. Trotzdem ist es nicht verkehrt, dieses Wissen zu haben. Wir Menschen haben heute viel zu wenig Ahnung von den elementaren naturwissenschaftlich-technischen Kulturtechniken, die die Grundlagen für die Entwicklung unser modernen Gesellschaft geliefert haben.

Zurück auf die Insel. Wo kann man auf ihr eigentlich Feuersteine finden? Wo soll man suchen? Wie steht es um meine geologischen, mineralogischen, physikalischen, chemischen Kenntnisse, und bin ich überhaupt in der Lage, sie praktisch anzuwenden? Ein anderes Beispiel: Gibt es auf der Insel Nüsse, Paranüsse oder Walnüsse, muss man sich überlegen, wie man sie öffnet, um sie essen zu können. Sie kommen ja nicht in Dosen vor, die man einfach nur öffnen muss. Dafür kann man die heruntergefallenen Nüsse aufsammeln, auf einen harten Untergrund legen und mit einem Felsstück draufschlagen. Leider bricht die Nuss dann kaum so, dass man sie bequem verspeisen kann, man hat einzig Splitter. Okay, die kann man auch verspeisen. Aber der Ehrgeiz ist doch geweckt. Aus der »früheren« Welt kannte man einen Nussknacker. Doch wie funktionierte der eigentlich? Gut, Messer hat unsere Truppe inzwischen auf die Reihe bekommen, und Äste gibt es genug auf dem Eiland. Da könnte man sich einen Nussknacker schnitzen. Doch damit er die Nuss auch wirklich so zerteilt, dass die Frucht ganz bleibt, muss ich das physikalische Gesetz der Hebelwirkung kennen. Aber wer hat das noch aus dem Physikunterricht in Erinnerung? [Unsere Tochter macht sich noch heute einen Spaß daraus, mir zuzusehen, wie der Physiker-Vater eine Kokosnuss in der Werkstatt öffnet: zunächst an gegenüberliegenden Seiten mit der Bohrmaschine anbohren und den Saft auslaufen lassen (Unterdruck beachten!) oder doch erst anritzen und eine Sollbruchstelle für die anschließende Bearbeitung mit dem Hammer erzeugen oder doch ganz anders? Da kann man ein kleines Strategiespiel daraus machen.]

Aufgrund solcher Gedankenexperimente begreift man, dass die scheinbar einfachen Dinge unseres Alltags gar nicht so einfach sind.

Andere Mitglieder der Gruppe erstellen einen noch ambitionierteren Plan. Sie fragen sich, ob es auf anderen Inseln des Atolls vielleicht auch noch

Menschen gibt, eine Zivilisation, mit der man in Kontakt treten könnte. Wäre es da nicht toll, einen Funkempfänger zu haben und festzustellen, ob irgendwelche Sender zu empfangen sind? Doch wie baut man so etwas, was ist die Basis von Rundfunk? Was ist sozusagen die Minimalversion eines Radios? Erst einmal würde ich bei dieser Frage auf dem Schlauch stehen. Ein Elektronikgeschäft gibt es auf der Insel nicht, eine Bastelanleitung hätte ich im Kopf. Vielleicht würde mir dann aber doch noch eine Idee kommen ...

Beim Robinson-Crusoe-Spiel kann jeder selbst überlegen, was er in einer solchen Situation aufgrund von (Berufs-)Erfahrungen an Überlebenswissen beitragen könnte, wie viel oder wie wenig. Was beherrscht man noch an elementaren Fähigkeiten, die zur Entwicklung der Gesellschaft geführt haben, in der wir heute leben? Das Spiel führt einem schonungslos vor Augen, wie wenig wir in der Regel noch eigenhändig können, da wir hauptsächlich verständnislos konsumieren.

Als der englische Schriftsteller und einstige Kaufmann Daniel Defoe seinen Roman 1717 veröffentlichte, wollte er damit übrigens nicht nur das spannende Leben eines Abenteurers zu Papier bringen, wenn die Öffentlichkeit das Werk auch so wahrnahm. Es ging Defoe auch um eine Kritik an der Gesellschaft, ein Eingehen auf eine Problematik, die uns noch heute beschäftigt, nämlich die Entfremdung von den Dingen, die mit der Entwicklung der Zivilisation einhergeht.

Hingabe, Sorgfalt und Erfolg

Der Handarbeits- und Werkunterricht in den Schulen ist in den letzten Jahrzehnten mehr oder weniger direkt durch Medienerziehung ersetzt worden. Das ist in heutigen Zeiten durchaus sinnvoll. Außerdem sind Computer ja auch weniger gefährlich als Werkbänke. Bildungspolitiker fordern eine Erziehung für die moderne Welt, Erziehung zur Selbstständigkeit wird aber dabei allzu oft einseitig als erlernter Umgang mit technischen Kommunikationsmitteln verstanden.

Manuelles Tun hat einen schlechten Leumund – zumindest noch bis vor kurzer Zeit. Das Bewusstsein nimmt zu, dass mit dem erlernten Herstellen mit eigenen Händen ein spezifischer pädagogischer Wert verloren gegangen ist. Was im Kindergarten noch vorhanden ist, nimmt angesichts der Stofffülle in späteren Bildungsabschnitten kontinuierlich ab. Zumindest außerhalb der Berufs- und Fachschulen, im Gymnasium.

Als Kind hatte ich das Fach Werken noch in der Schule. Ich kann mich deshalb so gut daran erinnern, weil ich in der dritten oder vierten Volksschulklasse lernen sollte, mit einem Holzbearbeitungsmesser umzugehen, einem Stechbeitel. Ich sollte etwas in ein Holzstück gravieren – und fuhr mir dabei mit der scharfen Spitze aus Versehen in die Hand. Es blutete, doch ich biss die Zähne zusammen und verbarg die Verletzung unter einem Taschentuch. Es war mir so peinlich, dass gerade mir beim Umgang mit Werkzeug so etwas Dummes passiert war. Werkunterricht hatten aber nicht nur Jungen, sondern auch Mädchen, so wie ich als Bub auch Häkeln und Stricken lernte.

Der Computer ist dagegen Ausdruck einer Wissenswelt, einer Wissensarbeit. Zwar mache ich etwas Manuelles, wenn ich Tasten drücke oder mit der Maus klicke, aber damit hat es sich dann auch schon. Alles andere spielt sich im Virtuellen ab. Die weitere Welt der materiellen Dinge wird davon nicht berührt. Kein Wunder, wenn Menschen sich nach einer Woche Büroarbeit am PC am Wochenende unters Auto legen, Motorräder zerlegen oder das Bad neu fliesen. Ihnen fehlt als Ausgleich das mechanische Denken.

Wie funktioniert eigentlich eine Niete, was sind die Phasen in einem Vierzylinder? Wenn wir etwas reproduzieren, selber machen können, jenseits der theoretischen Beschreibung; wenn wir es anderen erklären können, angepasst an den Kenntnisstand des Fragenden, erst dann haben wir es wirklich verstanden. Dabei gilt, frei nach Albert Einstein: Man soll alles so einfach wie möglich erklären, aber nicht einfacher.

Die Verschränktheit von Theorie und Experiment, von Hypothese und praktischer Tätigkeit ist dabei das wirkliche Erfolgsmodell für die Erlangung von Naturerkenntnis. Geistes- und Handarbeit müssen als zwei Seiten einer Medaille begriffen werden.

Dazu kommt: Wenn laut einer amerikanischen Studie schon Kinder im Alter von zwei bis fünf Jahren durchschnittlich zweiunddreißig Stunden pro Woche vor Bildschirmen verbringen, also vor dem Fernseher oder dem Computer, und keine Zeit mehr haben, sich mit Basteln, Bauen, Werken, Herstellen und Reparieren zu beschäftigen, den originären menschlichen Tätigkeiten, dann ist etwas aus dem Gleichgewicht geraten.

Kinder müssen sich mit den modernen Medien beschäftigen, sonst lernen sie keinen verantwortungsvollen Umgang mit ihnen. Und das Internet ist klasse, wenn es um Vernetzungsmöglichkeiten verschiedenster Art geht. Dabei muss es noch nicht einmal Revolutionen vorantreiben helfen. Was für ein handwerkliches Problem man auch immer hat, in irgendeinem Forum schlummern Antworten, Hilfestellungen (die Suche etwa nach medizinischen Antworten im Netz ist hingegen keine so gute Idee, weil es zur Filterung solch brisanter Informationen einen Filter, den Arzt, braucht). Mir geht es darum, gerade bei Kindern eine grundsätzliche Balance zwischen Computer- und Handarbeit herzustellen. Vierundzwanzig Stunden am Tag vor dem PC zu sitzen ist genauso verkehrt wie null Stunden. Ähnliches trifft auch auf das Werken zu. Menschliche Entwicklung wird durch Vielseitigkeit befördert.

Anders als im Internet, wo alles unmittelbar verfügbar ist, ohne dass großer Suchaufwand betrieben werden müsste, lernt man durch die Kultur der Reparatur – die auf eine Kultur des Selbstbaus auszuweiten ist, des Selber-Herstellens – Hingabe und Sorgfalt bei Details. Das sind, wenn man so will, smarte Fähigkeiten. Hingabe entsteht, wenn man sich intensiv mit einer Sache beschäftigt, sie durchdringt, verstanden hat, warum etwas so und nicht anders funktioniert. Es ist ein fundamentales und hochemotionales Erfolgserlebnis, wenn man einer Mechanik auf den Grund kommt. Nicht vergleichbar mit dem Drücken des »Gefällt mir«-Buttons auf Facebook.

Bauklötze statt Bildschirme

Da die Natur die Reparatur erfunden hat und wir ohne sie nicht leben würden, haben wir uns durch die Vernachlässigung der Reparatur von unseren natürlichen Ursprüngen wegbewegt. Oder anders gesagt: Wir Menschen haben mit der industriellen Fertigung und der damit eingetretenen Verschwendung von Ressourcen das Pendel ein bisschen zu sehr in eine Richtung ausschlagen lassen. Handarbeit und geistige Arbeit sollten wieder viel mehr als Einheit verstanden werden, beides gehört zusammen. Nicht nur weil Handarbeit analytisches Denken erfordert, sondern weil Geistesarbeit auf der Erfahrungsbasis des Umgangs mit der Materie aufbaut. Mechanische Modelle spielen beispielsweise eine überragende Rolle bei der Entwicklung von physikalischen Theorien. Allein das Wort Quantenmechanik sagt alles darüber, dass man das komplexeste atomare Geschehen nur auf der Basis des uns Menschen vertrauten mechanischen Zugangs zur Welt der Dinge verstehen kann. Oder denken Sie an das Atommodell, das Niels Bohr in Analogie zum Planetenmodell und seiner uns Menschen verständlichen Newton'schen Mechanik entwickelt hat.

Geistiges Handwerken könnte man diese Einheit nennen. Ihr liegt ein pädagogischer Ansatz zugrunde, wie man aus dem Einfachen, Vertrauten zur Erkenntnis des Komplexen kommt. Und das ist gerade bei der Aneignung von Weltwissen im Entwicklungsprozess von Kindern und Jugendlichen der Königsweg. Das habe ich durch meine eigene Biografie begriffen, in der Auseinandersetzung mit der Frage, was die Kultur der Reparatur mit mir zu tun hat.

Ich habe die Reparatur sozusagen mit der Muttermilch aufgesogen, weil es bei uns zu Hause noch eine Werkstatt gab. Damals noch vollkommen selbstverständlich. Und natürlich besitze ich selbst auch heute noch eine. In der sieht es aus wie in jeder Werkstatt – ein ziemliches Durcheinander, mit vielen unerledigten Arbeiten, viele auch gerade erst angefangen. In meiner freien Zeit ziehe ich mich gerne dorthin zurück. Dort brauche ich keinen Fernseher, keine Zerstreuung oder Ablenkung, ich sitze dann einfach nur da und schaue mir all die Sachen um mich herum an und überlege, was ich als Nächstes mit ihnen anstellen kann. Für mich ist das bereits ein kreativer Akt.

Kinder haben heute oft keinen Zugang mehr zu einer Familienwerkstatt. Von Seiten der Eltern wird kein Wert mehr darauf gelegt, sie sehen keinen Sinn in einer solchen Einrichtung, man kann ja alles neu kaufen. In beengteren Wohnverhältnissen sind natürlich auch die Keller so

klein bemessen, dass dort keine Werkstätten mehr eingerichtet werden können. Doch Bastelmöglichkeiten sollte es
eigentlich in jedem Haushalt geben, welcher Art auch immer, nicht nur im Kindergarten. Kinder wachsen jedoch
nur noch selten mit einem Experimentierkasten auf, wie es
in meiner Jugend noch üblich war.

Bau- und Experimentierkästen haben eine lange Tradition, Jugendlichen wurden sie schon seit ungefähr 1850
unter den Weihnachtsbaum gelegt. In unserem Shop im
Deutschen Museum gibt es ebenfalls eine Ecke, in der sie
verkauft werden, und viele Eltern entdecken heute wieder
den pädagogischen Wert solcher Geschenke zum Geburts-
tag oder zu Weihnachten. Ich habe immer Artur Fischer
bewundert, der nicht nur als Vater von Fischer-Dübel und
Fischertechnik ein genialer Erfinder ist, sondern auch noch
im hohen Alter so kreativ ist, dass er mir kürzlich zeigte,
wie er mechanisches Spielzeug nunmehr nicht nur für Kinder, sondern auch für alte Menschen mit eingeschränkten
motorischen Fähigkeiten konstruiert hat. Seine wunderbare Aussage, dass die beiden prägenden Orte in seinem
Leben das Deutsche Museum und das Deutsche Patent-
amt gegenüber waren, macht ihn für mich erst recht zum
Vorbild. Als erfolgreicher mittelständischer Unterneh-
mer ist er einer jener Hidden Champions, die für eine
große Zahl von Arbeitsplätzen in Deutschland und damit
für das Erfolgsmodell der Deutschland AG mit ihren Erfindern, Tüftlern und deren Exporterfolgen verantwortlich
sind.

Ich selbst besaß (und habe noch) einen Trix-Metallbaukasten, der, weil er anfangs nicht als Spielzeug durchging, sondern als Lehrmittel, »Volksbaukasten« genannt wurde. Wesentlich war bei diesem Baukastensystem ein neuartiges Drei-Loch-System, das die Befestigung von Schrauben, versetzt in drei Reihen je Flachband, verschränkungsfrei und auch ziemlich einfach ermöglichte. Durch den Trix-Metallbaukasten sollen zahlreiche Generationen an technische und naturwissenschaftliche Berufe herangeführt worden sein – ich kann es für mich bestätigen. Leider stellte Trix die Produktion Ende der neunziger Jahre ein, weil der Baukasten kaum noch nachgefragt wurde.

Daneben hatte ich noch einen Baukasten, durch den man in die Lage versetzt wurde, eine Dampfmaschine zusammenzubauen und dabei ihre Funktionsweise zu erfassen. Die Pädagogen und Techniker, die diesen Baukasten konzipierten, gingen davon aus: Wer nicht in der Lage ist, das Vorgehen einer Dampfmaschine zu verstehen, dem wird es später einmal in einem Physik- oder Maschinenbaustudium schwerfallen, den Carnot'schen Kreisprozess als Grundlage jeder Wärmekraftmaschine zu begreifen. Und das ist eine unabdingbare Voraussetzung dafür, z.B. ein modernes Blockheizkraftwerk zu bauen. Ein bestimmtes technisches Verständnis ist die Bedingung, um das zu erreichen, was Pädagogen »Problemlösungskompetenz« nennen. Und die lässt sich an einfachen Apparaten oder Modellen besser erwerben als an komplizierten, jedenfalls als Anfänger auf dem Gebiet von Naturwissenschaft und Technik. Wenn Kinder nicht mit Baukästen aufwachsen und damit nicht in Berührung kommen, ergreifen sie seltener einen handwerklichen Beruf, werden zum Beispiel weniger häufig Schreiner oder Heizungsmonteur und Ingenieur. Insofern sind Bau- und Bastelkästen keine sentimentale Angelegenheit, sondern ein zukunftsweisendes Modell, besonders dann, wenn auf früherer Technik aufgebaut und diese in neuem Zusammenhang benutzt wird. Zwar setzen wir keine Dampfmaschinen mehr ein, um zum Beispiel von einem Ort zum anderen zu kommen, aber das dahinterstehende physikalische Prinzip, wie die Umwandlung von Wärmeenergie in Arbeit, ist bis heute grundlegend. Man meine also nicht, dass Technologien aus vergangenen Jahrhunderten keine Gültigkeit oder Verwendung mehr haben. Noch heute habe ich einen großen Spaß, moderne Bastelkästen mit Kindern auszuprobieren, sei es, um solarbetriebene kleine Maschinen zu bauen oder eine Brennstoffzelle als Antrieb für ein Modellauto.

Sinnvoll ist es, die ganze technische Palette einschließlich der alten Technik zu betrachten. Sicher, ein moderner Motor hat einen höheren Wirkungsgrad als ein alter – aber um weitere Verbesserungen zu erzielen, auch im Hinblick auf umweltfreundlichere Technik, ist es entscheidend, die Funktionsweise eines Motors in seiner einfachsten Form zu kennen. Welcher moderne Mensch kann denn verstehen oder erklären, wie das erste Automobil der Erde, der Benz-Motorwagen von 1886, eigentlich funktioniert, wie Autos fahren? Manchmal frage ich Besucher, die sich dieses wertvolle Exponat bei uns im Verkehrszentrum des Deutschen Museums anschauen. Da gibt es natürlich Spezialisten, die mir sagen, wie das eine oder andere historische Detail aussieht, aber erschreckend viele Menschen haben überhaupt kein Wissen über diese für unser Alltagsleben so entscheidende Technologie. Klar, man tankt an einer Tankstelle Diesel oder Benzin, anschließend schaltet man irgendwie den Motor ein, und das Fahrzeug bewegt sich von der Stelle. Ein derart begrenztes Wissen, eigentlich ein Nicht-Wissen, reicht aber nicht aus, meine ich, um Lösungen für die Mobilität der Zukunft auf einen breiten gesellschaftlichen Konsens aufzubauen, geschweige denn, um Motoren effizienter zu konstruieren.

Baukästen ließen mich all das wesentlich besser verstehen. Aber weil es bei uns zu Hause Platz gab und mein Vater selbst gern herumtüftelte, war ich ein richtiger Werkstattjunge. Was sich darin zeigte, dass ich, wo immer ich auf der Straße kaputte Geräte fand, sie mit nach Hause schleppte, um sie zu reparieren oder zumindest auszuschlachten, weil ich ja die Teile vielleicht eines Tages für irgendeine Reparatur brauchen konnte. Sperrmüll in Form von elektrischen Geräten auf der Straße liegenzulassen, war für mich als Kind nahezu unmöglich. Wenn unsere kleine Tochter später auf Spaziergängen einen alten Nagel aufsammelte und meine Frau sie fragend ansah, wusste Marlene zu antworten: »Der Papa kann den vielleicht noch mal für eine Reparatur brauchen.« Vielleicht funktioniert ja hier die Weitergabe von genetischen Anlagen, mich würde es jedenfalls freuen.

Mein Urgroßvater, das nur nebenbei, war Nagelschmied. Ich besitze noch ein Foto von ihm, auf dem er vor seiner Schmiede steht, zusammen mit seiner gesamten Familie. Ich habe noch einige seiner handgeschmiedeten Nägel, gewissermaßen kleine Kunstwerke. Und wer damals einen solchen Nagel benutzte, überlegte sich genau, wie dieser effizient einzusetzen war und ob nicht einer ausreichte oder man wirklich zwei brauchte, wenn man z.B. eine bestimmte Verbindung zweier Holzstücke herstellen wollte. Natürlich kann man auf diese Art und Weise keine Wolkenkratzer bauen, das ist klar, auf der anderen Seite war der sparsame Umgang mit Ressourcen eine absolute Notwendigkeit, die jeder, der damals lebte, verinnerlicht hatte.

Kinder lernen mit Bauklötzen oder Legosteinen, wie man etwas baut. Sie möchten zum Beispiel einen Torbogen errichten und probieren so lange herum, setzen immer wieder die Steine neu aufeinander, bis sie ihr Ziel erreicht haben. Hinter diesen Spielen steckt die Idee der Selbstbeteiligung, nur so werden Erfahrungen gemacht. Selbstbeteiligung und Lernen hängen eng miteinander zusammen. Wer nichts mehr selbst in die Hand nimmt, lernt nichts Neues mehr hinzu.

Die Rückkehr der Konzentration

Reparatur ist ein Kreislauf von Analyse, Strategie, Implementierung und Erfolgserlebnis. Dies ist eine Art Wertschöpfungskette. Das analytische Denken muss man üben. Wenn Kinder das Reparieren nicht mehr lernen, sind sie nicht mehr in der Lage, das durchzuführen, was Mediziner Anamnese nennen, die systematische Befunderhebung.

Bei einem schlechten Computerspiel analysiere ich überhaupt nichts, da muss ich mich höchstens ducken, wenn auf mich geschossen wird. Bei Ego-Shooter-Spielen geht es darum, wer in kürzester Zeit am meisten Gegner abschießt. Damit trainiere ich vielleicht meine Schnelligkeit, doch ich durchdenke nicht einen kompletten Vorgang von A bis Z, und wenn es sich dabei um eine noch so kleine Reparatur wie die einer Lampe handelt. Das ist ein großes Manko, weil ich dadurch nicht einmal mehr versuche, die Welt, in der ich lebe, in ihrer Gesamtheit zu verstehen.

Damit haben Lehrkräfte, aber auch wir im Deutschen Museum zu kämpfen: Kinder haben Schwierigkeiten, sich bei längeren Ausführungen zu konzentrieren – doch wie eine chemische Reaktion abläuft, warum ein mit Nanopartikeln beschichteter Ski schneller gleitet, ein Sterlingmotor oder eine Computertomographie funktioniert, das kann man nicht in zwei Minuten erläutern. Da braucht es schon die Fähigkeit zur Konzentration, zur Hingabe, aus der im besten Fall Leidenschaft werden kann. Dementsprechend beliebt sind die berühmten Knopfdruckexperimente in den Ausstellungen des Deutschen Museums, bei denen sofort etwas passiert. Wenn keine augenblickliche »Action« garantiert ist, ziehen die Kids gerne weiter. Ihnen fehlt oft die Geduld, so lange zu warten, bis sich das entsprechende Experiment in Gang setzt, etwa eine chemische Reaktion, die man geduldig nachvollziehen muss.

Um reparieren zu können, muss ich mich einer Sache mit Hingabe widmen, wenn ich sie erfolgreich zu Ende bringen will. Das ist der pädagogische Aspekt der Reparatur. Gegner im (schlechten) Computerspiel abzuschießen, ermöglicht kein Lernen von Lebensbewältigungsstrategien. (Bei Strategiespielen ist das etwas anders, trotzdem ist der Transfer vom virtuellen ins reale Leben auch hier nicht unmittelbar evident.) Die Reparatur hingegen schon: Eine Schellacklasur zum Beispiel muss ich nicht genau in ihrer physikalisch-chemischen Zusammensetzung kennen, aber ich sollte zumindest über ihre Anwendung Bescheid wissen, um ein wertvolles Möbelstück restaurieren zu können. Dass Ausscheidungen der Lackschildlaus die Basis dieser Lasur bilden, macht die Sache noch viel interessanter: Beim Nachschlagen über die vielfältigen (auch historischen) Anwendungen vom Siegellack über Hutmacherleim bis zur Schellackplatte kann man sich geradezu festlesen. Eine Reparatur, ein handwerklicher Vorgang kann also im besten Sinne zum Studium der Technikgeschichte, der Biologie und der Materialwissenschaften bis hin zur elementaren Physik und Chemie führen. Das ist die Gesamtschau der Dinge, die ich so schätze. Zusätzlich kann ich mir mithilfe von Literatur, mit dem in der Schule im Physikunterricht Gelernten oder mit Ratgeberbüchern Fähigkeiten und Fertigkeiten aneignen, die einfach wunderbar sind, wenn man sie beherrscht. Nebenbei lerne ich Respekt und Hochachtung vor den Menschen, die uns auf dem Weg der technischen Entwicklungen und Erfindungen im Laufe der Menschheitsgeschichte begleitet haben. Ich kann verinnerlichen, wie Isaac Newton es einmal ausgedrückt hat, dass wir auf den Schultern von Giganten stehen.

Auf den Schultern von Giganten

Der englische Naturforscher gehört zu den größten Gelehrten, und er sagte diesen Satz in der typischen Manier des Understatements. Aus unserer heutigen Sicht war er der Gigant, aber er gab zu verstehen: Nein, nein, ich bin ein kleines Licht. Was ich herausfand, wäre ohne die Vorleistungen meiner großartigen Kollegen nicht möglich gewesen, und es ist nur ein kleines Rädchen im großen Räderwerk der Natur, um es mit Descartes auszudrücken, der einem mechanistischen Weltbild anhing.

Dieses eher bescheidene Denken findet man oft bei Menschen, die tiefer nachdenken als andere, die den Dingen auf den Grund gehen wollen. Alle neuen Erkenntnisse bauen auf den früheren auf. Die Quantenmechanik hebt die klassische Mechanik nicht auf, sie ist eine Weiterentwicklung für die kleinsten Materiebestandteile; Einsteins Relativitätstheorie erweitert die Physik z.B. in seinem Geschwindigkeitsadditionstheorem nur auf den Fall großer Geschwindigkeiten nahe der Lichtgeschwindigkeit und geht für kleine, für uns normale Geschwindigkeiten in das normale Addieren zweier Geschwindigkeiten über: etwa, wenn in einem fahrenden Zug eine Kugel gerollt wird und wir die beiden Geschwindigkeiten von Zug und Kugel einfach zu einer Gesamtgeschwindigkeit aufaddieren, so wie sie ein Beobachter von außerhalb des Zuges wahrnehmen wird. Dass dies aber nicht mehr so einfach geht, wenn ich in einem fahrenden Zug eine Taschenlampe einschalte, ich also nicht mehr Zug- und Lichtstrahlgeschwindigkeit aufaddieren darf, das lehrte uns Einstein. Denn täte ich das, würde der Beobachter von außen Überlichtgeschwindigkeit sehen, die es in der Natur laut Einstein eben nicht geben kann. Dieses Wissen ist mehr als hundert Jahre alt, aber haben wir es verstanden, kennen wir es überhaupt? Wir sollten uns in Zukunft wieder daran gewöhnen, »alte« Erkenntnisse und »altes« Wissen nicht hochnäsig zu ignorieren, sondern zu lernen und zu benutzen – und im weitesten Sinne auch dieses Wissen zu reparieren. Denn das lateinische Wort *reparare* bedeutet nicht nur »wiederherstellen«, sondern auch »erneuern«.

Trotz der unglaublichen Bedeutung von Entdeckungen, Erfindungen und technischen Leistungen für die Menschheit ist für mich erstaunlich, wie wenig Menschen sich dafür interessieren, ja begeistern. Zugegeben, sie sind nicht immer einfach zu verstehen – die Natur ist komplex –, dabei ist es eine so lohnenswerte intellektuelle Herausforderung, sich mit ihren Gesetzen zu beschäftigen. Und, wie Albert Einstein es einmal ausgedrückt hat: »*Subtle is the Lord, but malicious He is not*« – *Raffiniert ist der Herrgott, aber boshaft ist er nicht.* Man könnte auch sagen: Der Mensch hat gewissermaßen das prinzipielle Rüstzeug für Naturerkenntnis.

Ich lerne dadurch zu verstehen, wie technische Entwicklungen die Menschheit verändert haben. Gesellschaftliche Paradigmenwechsel sind oft mit der Erfindung neuer Technik einhergegangen. Ich kann lernen, Chancen und Risiken, die eine jede neue Technik beinhaltet, einzuschätzen. Ohne die Erfindung des Steinwerkzeugs hätten unsere Vorfahren kein Leder oder Holz bearbeiten, ohne den Pflug keine Ackerwirtschaft betreiben können, sie wären nicht sesshaft geworden, es hätten sich keine Dorfgemeinschaften und keine gesellschaftlichen Systeme entwickelt. Ohne die Erfindung der Dampfmaschine hätte es die industrielle Revolution nicht gegeben, denn auf einmal war das Vorhandensein von automatischer Arbeitskraft nicht mehr an einen bestimmten Ort, wie bei der Windmühle oder bei der Wasserkraft, gebunden, sondern konnte an jedem Produktionsstandort eingesetzt werden. Die Dampfmaschine ermöglichte Mobilität, die Eisenbahn, aber auch effektiveres Dreschen von Getreide auf den Bauernhöfen. Ohne die Erfindung des Transistors hätte es keine Mikroelektronik gegeben, ohne die Erfindung des Rastertunnelmikroskops durch meinen Postdoc-Vater Gerd Binnig keine praktische Nanotechnologie usw. Spitzenleistungen menschlichen Geistes, die das Leben verändert haben und gewaltige Innovationsschübe nach sich zogen, sind nur mit den Schlüsseltechniken, von denen ich im Zusammenhang mit der einfachen Reparatur gesprochen habe, hervorzubringen. Wenn ich wie bei einem Reparaturvorgang gelernt habe, evidenzbasiert und analytisch vorzugehen, habe ich mir wesentliche Fähigkeiten angeeignet, die ich auch in meinem Berufsleben genauso gebrauchen kann. Und ich kann, gerade in verfahrenen Situationen, z.B. wenn schwierige Entscheidungen anstehen, kreative Alternativen entwickeln, den Daniel Düsentrieb in mir zum Leben erwecken.

Glück: Emotionen beim Eigenbau

Bei einer der ersten Einladungen, die mein akademischer Lehrer, der Physiker Prof. Dr. Gerd Binnig, während meiner Postdoc-Zeit bei der IBM Research Group aussprach, bekam ich einen Schrank gezeigt, den er zu Hause selbst gebaut hatte. Es war kein Schrank, den er aus einem Bausatz mit sieben Brettern zusammengeschraubt hatte: Er hatte jedes Einzelteil eigenhändig ausgesägt und dabei eine ganz ungewöhnliche, nicht-symmetrische Form erzielt, bewusst wohlgemerkt. Er meinte, diese Tätigkeit sei gleichbedeutend mit einem Urerlebnis gewesen: ein ganz großes

Glücksempfinden, da er etwas Einzigartiges, aber zugleich auch Nützliches und Alltagstaugliches erschaffen hatte. Mich beeindruckte seine Sichtweise sehr, hatte ich doch von einem Nobelpreisträger erwartet, dass er sich nur mit hochkomplizierten Dingen beschäftigt. Heute, zwanzig Jahre später, erschafft Binnig wunderbare Bronzeskulpturen, eine handwerkliche und künstlerische Tätigkeit, die er mit hoher Kunstfertigkeit ausführt.

Eine ähnliche Erfahrung, mit den eigenen Fähigkeiten etwas schaffen zu können, machte unsere Tochter, als sie, sieben oder acht Jahre alt, aus einem runden Holzstück, das von einem kleinen Fass stammte, ein Haus errichtete. Aus einer Holzplatte sägte sie unter meinen Augen eine Bodenplatte aus, auf die sie das gerundete Holz, eine Art Runddach, legte. Geleimt wurde mit Ponal, zum Abschluss bekam das Häuschen einen Strohhalm auf das Dach geklebt; damit war der Schornstein installiert. Sie war mächtig stolz auf das Geschaffene, ihr Hamster durfte das Häuschen dann bewohnen. Wir besitzen es noch heute. Es hat im Gegensatz zum Hamster überlebt. Natürlich halten wir es in Ehren, weil damit für immer ein sehr erfreuliches emotionales Erlebnis verbunden ist. Genauso geht es mir heute noch, wenn ich mein kleines Krippenhäuschen mit elektrischer Beleuchtung, das ich als Kind gebaut habe, jedes Jahr an Weihnachten wieder in unserer Krippe aufstelle.

Voraussetzung ist natürlich, dass man solche Dinge aufbewahrt, sie als Schatz begreift und sie über die Zeit rettet.

Es ist erstaunlich: Wenn man sich mit alten Menschen unterhält, haben diese oft Kleinigkeiten von gestern vergessen, aber was für eine Seifenkiste sie als Kind gebaut haben oder wie ihr erster Puppenladen aussah, das wissen sie noch haargenau. Die emotionale Bewertung, das Glücksgefühl hat sich tief in ihr Gedächtnis eingeprägt.

Zufällig bekam ich dieser Tage beim Spazierengehen mit dem Hund ein Gespräch mit, in dem ein älterer Herr seiner Begleiterin davon erzählte, wie er als Kind, es muss unmittelbar nach dem Krieg gewesen sein, einen Leiterwagen gebaut und die Bauernhöfe seiner Umgebung abgeklappert hatte, mit dem Ziel, von jedem Bauern eine Kartoffel zu erbetteln. Es gelang ihm offenbar. Er wusste das so lebhaft und in Einzelheiten zu erzählen, dass es nach mehr als sechzig Jahren wie ein Erlebnis von gestern klang. Die Essenz, denke ich, liegt auch hier in der Verquickung eines eigenhändig geschaffenen Werkes, dem Leiterwagen, mit dem Erfolg, der Nahrungsbeschaffung für die Familie in schwieriger Zeit.

Versuchen Sie sich doch einmal vorzustellen, wo, wem und für welche Arbeiten ein älteres Werkzeug schon gedient hat und was damit vielleicht Schönes entstanden ist oder repariert wurde. Das kann ein ganz wunderbarer Gedanke sein. Da kann man ein wenig ins Träumen kommen und kurzzeitig vergessen, was man eigentlich gerade mit dem Werkzeug machen wollte.

Die Emotionen, die beim Eigenbau im Menschen aufsteigen, sind nicht zu unterschätzen. Selbst der einfachste

Austausch einer defekten Komponente, etwa eines kaputten Fahrradschlauches, kann ein sehr befriedigendes Erfolgserlebnis sein. So manche Reparaturherausforderung gemeistert zu haben, kann wirklich ein kleines Glück bedeuten. In einer wegen ihrer Komplexität schier undurchschaubar gewordenen Gesellschaft habe ich ein kleines Teil herausgebrochen, mir ganz allein verfügbar gemacht, meine eigene kleine Welt erschaffen.

Mir geht es immer so, wenn ich etwas erfolgreich repariert habe. Ich habe eine tolle Erfahrung gemacht, ein befriedigendes Erlebnis, weil mir etwas gelungen ist, bei dem ich nicht unbedingt davon ausging, dass ich es bewältigen könnte. Der größte Gewinn bei einer durchgeführten Reparatur ist nicht, dass ein defekter Gegenstand wieder funktioniert, sondern mein eigenes Erleben, dass ich etwas kann.

Irgendwann funktionierte beispielsweise unsere Toilette nicht mehr richtig. Ständig lief Wasser, und dieser unnötige Verbrauch musste behoben werden. Nach genauerer Inspektion kam ich zu dem Schluss, dass der Heber nicht mehr seine Dienste tat, weil der Spülkasten total verkalkt war. Meine Frau meinte: »Da brauchst du bestimmt nur ein Entkalkungsmittel und eventuell eine neue Dichtung.« Aber das war es nicht nur. Sicher, ein Installateur, der jeden Tag solche Aufgaben löst, hätte sofort gewusst, was Sache ist, aber ich nahm das Toilettenproblem als Herausforderung an, wollte der Ursache selbst auf den Grund gehen und die Aufgabe lösen. Jedenfalls: An der Dichtung lag es nicht, die war fast wie neu, sie erfüllte die ihr zugedachte Aufgabe. Angesichts der Tatsache, dass alles verkalkt war, blieb mir keine weitere Möglichkeit, als durch den Komplettausbau von Heber, Schwimmer und Einlassmechanismus dem Fehler auf den Leib zu rücken. Step by step, sagte ich mir, meinen eigenen Prinzipien folgend. So wie man überlegt, ob es an der Glühbirne, am Stecker oder am Kabel liegt oder die Spannungsversorgung der Steckdose nicht gewährleistet ist, wenn eine Lampe nicht mehr brennt.

Um nun nach diesem Prinzip vorzugehen, musste ich in den Spülkasten hineinlangen, der so eng war, dass ich mit meinen Fingern nicht richtig greifen konnte und mir einige Schrammen zuzog. Nach etlichen Mühen hatte ich dann das Innere des Spülkastens zerlegt, was aber auch bedeutete, dass wir auf eine andere Toilette ausweichen mussten. Die Familie sagte: »Na, nun mach mal voran. Du kannst dir das jetzt nicht ein halbes Jahr angucken.«

In diesem Fall lernte ich eine Reparatur unter Druck auszuführen, gewissermaßen unter Familiendruck.

»Langsam musst du aber kapiert haben, wie der Kasten funktioniert. Oder soll ich nicht doch besser den Klempner holen?«, bekam ich noch zu hören.

»Nein«, erwiderte ich vehement. »Mein Ehrgeiz ist geweckt. Da kommt mir kein Handwerker ins Haus.«

Ich zog mich an und fuhr mit dem Fahrrad zu einem Geschäft, das auf Sanitäranlagen spezialisiert ist, mit dabei ein Teil aus dem Wasserkasten, von dem ich annahm, dass es ausgetauscht werden müsste. »Das führen wir nicht. Wo haben Sie das denn her?«, lautete der trockene Kommentar des Verkäufers.

»Aus dem Wasserkasten meiner Toilette«, erwiderte ich.

»Das muss aber ein olles Ding sein. Was ist das denn überhaupt für ein Modell?«

»Das kann ich Ihnen nicht sagen.«

»Ja, ohne Modellbezeichnung kann ich gar nichts machen.«

Also fuhr ich zurück nach Hause, versuchte die erwartungsvollen Blicke meiner Familienmitglieder zu ignorieren und stürmte sofort ins Bad, um nach dieser kryptischen Nummer zu fahnden, die irgendwo im Spülkasten zu finden sein musste. Zum Glück fand ich sie auch und schrieb sie mir auf, damit ich sie ja nicht vergaß.

Wieder setzte ich mich auf meinen Drahtesel und eilte in den Laden, um dem Verkäufer die Modellnummer meines Wasserkastens freudig mitzuteilen.

Er schaute mich skeptisch an, nachdem ich die Zahlen heruntergerasselt hatte. Dann sagte er: »Das Modell ist mir schon bekannt, und ich kann versuchen, das Teil auch zu bestellen, aber ich kann nicht garantieren, dass es noch zu bekommen ist. Und wenn, dann müssen Sie mit einigen Tagen rechnen, bevor es geliefert wird.«

»Und was mache ich da, wir brauchen die Toilette doch?«, fragte ich schockiert.

»Schneller geht es, wenn Sie den alten Kasten raushauen und einen neuen einsetzen.«

»Aber dann gehen doch die Fliesen kaputt.«

»Freilich, dann gehen die Fliesen kaputt. Da müssten Sie schon das Bad neu machen.«

»So was kann doch locker ein paar tausend Euro kosten.«

»Richtig, aber dafür haben Sie ein neues Bad. Wollten Sie nicht schon immer ein neues Bad haben?«

»Nein.«

Mit dieser definitiven Aussage verließ ich den Sanitärbedarfsladen. Auf dem Rückweg nach Hause überlegte ich fieberhaft, was ich tun konnte. Mir fiel nur eine Möglichkeit ein, die ich schon mehrmals erfolgreich zu Rate gezogen hatte: das Internet!

Irgendwo musste ich, der Laie, doch im digitalen Netz einen Hinweis finden, wie ich an dieses Ersatzteil kommen konnte. Und so war es auch. Ich entdeckte eine Liste, in der exakt mein gewünschtes Modell aufgeführt war. Perfekt. Frau und Tochter murrten, weil sie nun weiterhin die Gästetoilette benutzen mussten, aber ich versprach, dass mit der nächsten Paketpost die Lösung aller Spülwasserkastenprobleme nahen würde.

Und tatsächlich: Schon am nächsten Tag konnte ich das Teil in Händen halten und einmontieren. Ich tat mein Bestes – und siehe da: Das tropfende Wasser stoppte, die braunen Ablagerungen, die durch das ständig laufende Rostkalkwasser entstanden waren, würden nun verschwinden. Stolz wurden Frau und Tochter gerufen: Ich zeigte die ausgebauten und total verkalkten Rohr- und Abdichtteile und führte das vollendete funktionierende Werk vor. Meine erste Toilette war repariert.

Die Familie nickte anerkennend.

Ich strahlte. Es war großartig. Es war zwar ein vielleicht triviales, nichtsdestotrotz aber wichtiges Reparaturerlebnis, weil ich nun, anders als beim Austausch von nur einem Teil, zum Beispiel einer Dichtung, ein für alle Mal verstanden hatte, wie eine Toilettenspülung funktioniert.

Reparieren erlaubt Kapieren. Das war nun wieder mal bewiesen. Damit war ich für die Zukunft gewappnet. Denn unser kalkhaltiges Wasser würde früher oder später eine erneute ähnliche Reparatur nötig machen. Dazu hatte ich viele kleine Hürden übersprungen, viele kleine Schritte nach mechanistischer Plausibilitätsanalyse nacheinander ausgeführt, vom Abschrauben des Deckels, Zuschrauben des Wassereinlaufventils, Abschrauben des Hebers zum Ausbau des Dichtmechanismus. Und am wichtigsten: Ich hatte begriffen, dass ein Schwimmer aus Styropor über einen Hebelmechanismus funktioniert, der ab einer bestimmten Wassereinlaufhöhe im Spülkasten das vorher durch Abzug der Spülung und Absenkung des Wasserstands geöffnete Zulaufventil wieder schloss und somit die exakte Füllung des Spülkastens sicherstellte. Eine wunderbar durchdachte, einfache Kausalkette, eine Art Kreisprozess, der mir durchaus großen Respekt vor dem mir unbekannten Erfinder abverlangte.

Nun ja, es war natürlich eine Form der Anwendung des archimedischen Prinzips. Das hatte ich bei der Gelegenheit gleich noch mal in einem Buch nachgeschlagen. Wie schön es doch ist, Erklärungen für Phänomene zu finden, Naturerkenntnis in praktische Anwendung überführen zu können. Das ist die Essenz der Wertschöpfungskette unserer Wirtschaftsweise: wenn wir aus einer durch Überlegung erwachsenen Hypothese über das verifizierende Experiment einen Prototypen eines Gerätes und dann ein Produkt herstellen, das allen Menschen dient, ihr Leben erleichtert und verbessert. In einer Fernsehshow ging es einmal um die Frage der wichtigsten Erfindungen für die Menschheit. Ich nannte die Toilette mit Wasserspülung, weil sie uns buchstäblich aus den unhygienischen, krank machenden Verhältnissen des Mittelalters herausgeführt hat und jeden Tag ihre Dienste für uns leistet. Das Publikum hat dann als wichtigste Menschheitserfindung das Rad gekürt. Damit konnte ich natürlich auch leben, zumal dieses natürlich viel älter ist und meiner Liebe zur Mechanik und Kinematik entgegenkam.

Eine Erfindung praktisch während der Reparatur nachzuvollziehen, ist es wert, im Reparatureifer nicht nachzulassen, auch wenn es mal schwierig wird. Wir Menschen wollen den Dingen auf den Grund gehen, jedenfalls einfache Herausforderungen meistern können und dafür auch Bestätigung und Anerkennung durch unsere Mitmenschen ernten. Wenn wir gelernt haben, dass man durch Fehlerwahrscheinlichkeitsanalysen, durch ein systematisches Vorgehen und Durchdenken von Wirkmechanismen – so einfach sie im Einzelnen sein mögen – Befriedigung erfahren und Lob und Anerkennung bekommen kann, dann werden wir immer wieder zur Reparatur zurückkehren, ja süchtig nach ihr werden.

Wer repariert, macht vor allem, aber nicht nur im Erfolgsfall positive Erfahrungen, die sich in unser Gehirn einschreiben. Es werden chemische Stoffe ausgeschüttet, Botenstoffe, winzige Moleküle, die von einer Nervenzelle zur nächsten übergehen und somit Informationen weitergeben.

Die Glücksgefühle, die wir dabei empfinden, werden speziell durch den Botenstoff Dopamin verursacht. Dopamin ist ein Erreger, ein Stimulator und Motivator für den Körper, mit der Folge verschärfter Sensibilität, größerer Wachheit und höherer Begeisterung. Auf einmal sind wir voll bei der Sache, optimistisch, voller Selbstvertrauen und gespannter Erwartung – für die allermeisten Menschen ein großartiger Zustand. Wir erleben ihn in der Liebe, bei einem guten Schnitzel, bei einem Lottogewinn, bei guten Taten, einem Sieg im sportlichen Wettkampf oder eben bei dem erfolgreichen Abschluss einer Reparatur.

Und weil es so schön ist, möchte man es wiederholen. Nicht permanent, denn ständige Hochgefühle wären unerträglich. Aber hin und wieder eine Freude, ja Euphorie auslösende Reparaturerfahrung führt dazu, dass sich die positiven Eindrücke im Menschen verstärken. Auf diesen basiert auch mein pädagogisches Interesse: Jugendlichen wieder mehr Erfolgserlebnisse zu ermöglichen. Natürlich kann ich solche haben, wenn ich die schnellste Läuferin in der Schulklasse bin oder der beste Hochspringer, aber ich kann sie eben noch intensiver erfahren, wenn ich selbst etwas hergestellt habe und das noch als gelungen bezeichnet werden kann. Gerade wenn ich etwas mache, was ich zum ersten Mal versuche.

Im Jahr 2000 habe ich in unserem Garten ein Gewächshäuschen gebaut, aus Metall und Glas. Für einen Profi, einen professionellen Gewächshaushersteller, ist das eine Kleinigkeit, für mich war es das nicht. Um das Projekt in Angriff nehmen, um die Metallstreben miteinander verschweißen zu können, habe ich zunächst einen Schweißkurs absolviert, um die grundlegenden Verfahrensweisen kennenzulernen.

So einfach ist eine saubere Schweißnaht gar nicht herzustellen. Es kommt viel auf die beteiligten Materialien, die Temperatur und auf Erfahrung an. Danach kaufte ich mir ein Schweißgerät und begann mit meinem Vorhaben.

Das Gewächshaus hatte in seinen Einzelteilen rund sechzig Jahre im Garten eines Freundes im Gras gelegen, er schenkte es mir, die Eisenteile waren schon völlig überwuchert. Sie selbst stammten aus einem Botanischen Garten, wo sie nicht mehr gebraucht worden waren. Ich kam mir wie ein Retter vor, als ich die Teile aus der Graswiese holte, um ihnen gewissermaßen neues Leben einzuhauchen, sie ihrer ursprünglichen Verwendung zuzuführen.

Schon das Rausholen aus dem »Dschungel« gestaltete

sich schwierig; bis ich alles von der Botanik befreit hatte, dauerte es mehrere Stunden. Danach zersägte ich die Streben mit der Flex, passte sie neu an, bat meinen Nachbarn beim Schweißen und Halten um Hilfe, vor allem auch beim Mauern eines Sockels aus Backsteinen – und nach mehreren Wochen war aus den Einzelteilen ein neues Gewächshaus entstanden. Ich strich es in einem Ferrari-Rot an, maß die Streben aus und ließ von einem Glaser die passenden Scheiben liefern. Diese kittete ich ein und isolierte noch die ein oder andere Stelle mit Dichtband. Alles wurde wunderschön. Zum Schluss klebte ich goldene Ziffern über den Eingang: »2000«. Das Datum der Wiederherstellung. Eingeweiht wurde das Haus mit einem Grillnachmittag für Nachbarn und Familie.

Ich gebe ehrlich zu: Jedes Mal, wenn ich mein Werk betrachte, freue ich mich über meine gelungene Bastelarbeit, und gelegentlich zeige ich es auch Freunden nicht ohne einen gewissen Stolz. Bis dahin hatte ich nicht gedacht, dass ich ein gläsernes Haus errichten könnte – und ich hatte es doch fertiggebracht. Aber ich konnte auf altes Material zurückgreifen und es so wiederverwerten. Das alte Glas war zwar nicht mehr vorhanden, aber ich hatte die neuen Scheiben in die alten Verstrebungen eingesetzt. Ich hatte Dinge verstanden, von denen ich vorher keine Ahnung gehabt hatte, hatte Zusammenhänge begriffen und meine Passivität durchbrochen. Die Passivität, die jeder kennt. Der beruhigende Gedanke, dass schon ein anderer etwas für mich macht und ich es nur noch zu bezahlen habe.

Wenn diese Passivität zur Routine geworden ist, wenn man gar nichts mehr reparieren kann, spricht man in der Psychologie von »erlernter Hilflosigkeit«. Geprägt wurde der Begriff in den sechziger Jahren von Martin E. P. Seligman und Steven F. Meyer, amerikanischen Psychologen. Er besagt, dass wir die Einstellung, uns hilflos und ohne Tatendrang zu fühlen, über die Jahre entwickeln, erlernen können, meist als Ergebnis von negativen Erfahrungen. Menschen sagen sich dann: »Das hat eh keinen Sinn. Da kann ich nichts machen, ich bin nicht in der Lage dazu, das zu bewältigen.« Es wird nichts unternommen, weil man davon ausgeht, dass sich an dem Umstand, an der eigenen Lebenssituation sowieso nichts ändern kann. Man resigniert, und im Fall einer krankhaften Entwicklung sieht man sich selbst nur noch als Problem, auch als Opfer. Am Ende steht die Apathie. Diese Beschreibung lässt sich übrigens auch auf soziale Gemeinschaften übertragen.

Selbst reparieren zu können ist ein Gegenmodell zur Hilflosigkeit, ein Ausweg aus dem Gefühl, nichts ausrichten zu können, an dessen Ende im besten Fall das Glück steht. Wenn ich meinem Nachbarn, jenem begeisterten Motorradfahrer und Reparateur, an so manchem Sommerabend zusehe, wie er all seine alten Motorräder in Schuss hält, dann frage ich mich manchmal, ob ihn das nicht glücklicher macht als das Motorradfahren selbst.

Wenn ich deshalb eine Kultur der Reparatur fordere, geht es mir, das möchte ich noch einmal betonen, nicht darum, dass jeder alles selbst reparieren kann. Wir Konsumenten sollten uns vielmehr nicht mehr einfach damit abfinden, wenn etwas kaputt ist, und akzeptieren, dass man den defekten Gegenstand recycelt oder gar entsorgt, ohne eine Reparatur in Betracht zu ziehen. Jeder sollte darauf hinwirken, dass Verkäufer, wenn ihnen kaputte Dinge zu einer möglichen Reparatur vorgeführt werden, nicht mehr sagen: »Was, das wollen Sie reparieren, das können Sie vergessen! Wir machen das nicht mehr.« Stattdessen sollten Sie fordern: »Dieses Gerät habe ich in Ihrem Geschäft gekauft, und ich will es von Ihnen repariert haben.« Immer mehr Menschen werden so handeln, und das wird unsere Gesellschaft zum Positiven verändern, da bin ich Optimist.

Auswege aus der Wachstumsspirale

Aufbruch in die Reparaturgesellschaft

Die Frage, was eine nachhaltige Verhaltensweise des Einzelnen für die gesamte Gesellschaft bedeutet, ist nicht einfach zu beantworten. Fühle ich mich nur besser, wenn ich versuche, ökologisch korrekt zu leben, indem ich zum Beispiel meinen CO_2-Fußabdruck, den ich der Erde durch meine Verhaltensweise hinterlasse, minimiere? Kann ich dadurch die Erderwärmung verhindern, und schmelzen dann die Polkappen nicht mehr so schnell? Kann ich einfach den geschätzten gesamten CO_2-Ausstoß der Erdbevölkerung durch die Zahl der Erdbewohner teilen und jedem Weltbürger sein Kontingent zur Verfügung stellen? Oder wäre das naiv, weil die Lebensweisen so unterschiedlich sind? Ein Eskimo ernährt sich schließlich anders und wird eine andere Heizenergie benötigen als ein Bürger Mitteleuropas. Auf der anderen Seite: Viele kleine Effekte, die jeder Einzelne für sich erzielen kann, verändern eine

Gesellschaft insgesamt, auch weil die Industrie auf das Verhalten von Verbrauchern reagiert.

Das ist meine Hoffnung, dass die Kultur der Reparatur, begonnen in den Köpfen einzelner Menschen, zu einer Bewegung wird, die die gesamte Gesellschaft verändert. Die Zeit dafür ist reif.

Natürlich sind dabei auch Rückschläge zu verkraften. Als vor ein paar Jahren ein nach gesamtheitlichen Energie- und Ressourcenverbrauchskriterien erstelltes ökologisches Handy auf den Markt kam, wollte es kaum ein Verbraucher kaufen, weil es nicht chic genug war und über einige der als nötig erachteten Funktionen nicht verfügte. Man konnte damit eben nur telefonieren. Ein Flop für den Hersteller und ein Lehrstück, dass auch Eco-Design gut überlegt sein muss.

Wichtiger und von den Menschen eher akzeptiert scheint es mir zu sein, wieder verstärkt ein Design for Repair zu betreiben: das heißt, die Reparaturfähigkeit von Produkten wieder als wesentliches Wettbewerbskriterium in den Mittelpunkt zu stellen. Offene Systeme mit Mitmach- und Mitgestaltungscharakter wie Linux oder Produkte mit geplanter Reparaturmöglichkeit können da ein gutes Vorbild sein.

Von Sokrates soll der Satz stammen, dass ein Mangel an Moral in Wirklichkeit ein Mangel an Wissen sei. Für uns bedeutet das, dass die komplexen Zusammenhänge von Energie- und Ressourcenlage, ökologischen und ökonomischen Aspekten den Menschen bekannt sein müssen, sollen sie denn danach handeln. Nur dann kann man eine Veränderung der Lebensweise erwarten, die der Forderung genügt, heute so zu leben, dass eine Zukunft für die nächsten Generationen möglich ist. Und hier sind wir verhältnismäßig reichen Westeuropäer besonders gefragt.

Im Brundtland-Bericht zur nachhaltigen Entwicklung, der von der Weltkommission für Umwelt und Entwicklung 1987 herausgebracht wurde und bis heute in Diskussionen zum Thema Nachhaltigkeit als Grundlage genommen wird, drückte man es so aus: »Voraussetzung für nachhaltiges Handeln ist jedoch auch soziale Gerechtigkeit, denn von Menschen, die Armut und Unterernährung ausgesetzt sind, können nicht dieselben Beiträge zu einer Zukunftsgesellschaft verlangt werden wie vom gesättigten Westen, dessen Lebensstil angesichts der Begrenztheit der Erde sowieso nicht auf eine wachsende Erdbevölkerung übertragen werden kann. Trotzdem müssen wir Regelungsmechanismen finden, die uns umdenken helfen. Dazu gehören Marktkräfte genauso wie moralische Aspekte, wie emotionales Marketing und, ganz wichtig, neue Technologien.«

Über 25 Jahre alt und brandaktuell. Unter Marktkräfte fiele zum Beispiel, dass der Verkaufspreis eines Produkts langsam seinen wahren Wert widerspiegeln sollte. Dabei würde sich aus einer Gesamtbetrachtung sämtlichen Ressourcen- und Energieverbrauchs, aber auch der Reparatur- und Recyclingkosten in Bezug auf die Lebensdauer ein Produktpreis bilden. Das müsste langsam und schrittweise geschehen, auch sozial abgefedert, denn manche Produkte würden bei konsequenter Betrachtung für viele unbezahlbar. Denken wir nur daran, wie hoch der Verkaufspreis wäre, würde man die zur Herstellung eines Steaks nötigen Rohstoffe wie Wasser, Mineralien, Energie und Transportkosten usw. mit einberechnen.

Meines Erachtens kann nur die Reparatur- und Recyclinggesellschaft zusammen mit der Entwicklung neuer Technologien die Antwort auf die zukünftigen Herausforderungen der Menschheit sein. Natürlich auf der Basis der Nutzung von Energiequellen, die noch lange zur Verfügung stehen, wie Geo- und Sonnen- sowie Wind- und Wasserenergie. Aber dazu braucht es die Entwicklung neuer Technologien, denn selbst wenn für alle Menschen das Recyceln alternativlos wäre, sie sich ökologisch korrekt, nachhaltig und moralisch gegenüber kommenden Generationen verhalten würden, um eines werden wir nicht herumkommen: Wir brauchen die Technologien zur Reparatur, zum Recyceln, zum Ausnutzen, zum Speichern und zum Verteilen der erneuerbaren Energien. Und das bei einer nach wie vor wachsenden Erdbevölkerung.

Werden wir z. B. in einem halben Jahrhundert aus Mangel an bezahlbarem Kerosin gar nicht mehr fliegen können – oder wird es uns eine neue Technologie ermöglichen?

Die Energiedichte auch der besten Batterien ist heute noch weit weg (um den Faktor 100, vergleicht man Lithiumionenbatterien mit Kerosin) von dem, was nötig wäre, ein Objekt nicht nur in zwei Dimensionen auf der Erde von A nach B zu bringen, sondern auch noch die dritte Dimension des Fluges zu beherrschen, also die Energie bereitzustellen, der es zur Überwindung der Schwerkraft bedarf.

Dieses Beispiel leitet über zur großen Frage, wie Unternehmen global von einem Ressourcen ausbeutenden Geschäftsgebaren, das volkswirtschaftlich in Zukunft nicht mehr tragbar ist, in Richtung nachhaltiger Produktion animiert werden können. Ein Puzzleteil dabei ist sicher, dass wir Verbraucher smarter werden müssen.

Immer häufiger ist von smarten Geräten die Rede. Telefone nennt man Smartphones, aber es gibt auch »Smart Cabrios«. Ich ziehe smarte Menschen jedoch smarten Produkten vor, oder besser: Smarte Menschen sollten wirklich smarte Produkte herstellen und benutzen und nicht solche, denen nur das Etikett anhaftet. Eine unüberschaubare Vielzahl von Geräten herzustellen, bei denen wir Konsumenten nicht mehr zwischen dem, was wichtig, und dem, was unwichtig ist, unterscheiden können, ist keine gute Entwicklung. Wir sollten uns smarte Fragen stellen, zum Beispiel: Warum brauchen wir eigentlich jedes Jahr ein neues Handy? Wir leben mit dem Fluch der Wegwerfgesellschaft, mit bewusst eingebauter Ablaufzeit. Noch.

Häufig wird ökonomisch argumentiert. Habe ich mit den vielen Neukäufen vielleicht nicht doch etwas Gutes getan, habe ich nicht die Wirtschaft in Gang gehalten? So ließe sich das coole neue Gadget ganz gut rechtfertigen – und der damit verbundene Wurf des alten, gerade mal ein Jahr alten Geräts auf den Müll. Dass diese Art des Konsums angesichts begrenzter Ressourcen auf unserer Erde verändert werden muss, wird jeder einsehen.

Taste the Waste:
Wozu Müll noch gut sein kann

Die geplante Obsoleszenz ist schon problematisch genug, noch mehr anzuprangern ist aber das gezielte Wegwerfen noch voll funktionsfähiger Produkte, sei es aus einer individuellen Konsumlaune heraus, sei es über staatliche Programme, wie die Abwrackprämie für ältere Fahrzeuge ohne Katalysator, oder sei es aufgrund von Überproduktion wie insbesondere in der Lebensmittelindustrie. Die Bewertung solcher Aktionen im Spannungsfeld zwischen Umweltvorteilen, volks- und betriebswirtschaftlichen Aspekten, Ankurbelung des Konsums und Sicherung von Arbeitsplätzen vorzunehmen, hängt ganz von der entsprechenden Interessengruppe ab.

Jährlich landen in Deutschland rund elf Millionen Tonnen Lebensmittel auf Müllkippen; der durchschnittliche Bürger bringt es auf rund 100 Kilogramm pro Jahr, so eine Studie der Universität Stuttgart im Auftrag des Bundesministeriums für Ernährung, Landwirtschaft und Verbraucherschutz aus dem Jahr 2012. Von bewusstem, verantwortlichem Umgang mit den wertvollen Gütern unserer Erde kann da nicht die Rede sein. Umso dringlicher ist es, dass wir eine neue Wertschätzung für die Dinge, sowohl für die Natur als auch für die vom Menschen geschaffenen Gegenstände, erreichen. Die Schicksalsgemeinschaft aller Menschen auf dem begrenzten Planeten Erde macht dieses Umdenken nötig. Gestalten wir es zusammen mit Wissenschaftlern, Erfindern, Technikern und allen gesellschaftlich engagierten Gruppen. Nehmen wir es selbst in die Hand, ehe die Probleme zu groß werden. Wir können es, wir müssen es nur tun!

Als sich mehr und mehr junge Leute dessen bewusst wurden, fingen sie an, ihren Protest zum Ausdruck zu bringen, indem sie aus Containern von Supermärkten, Discountern, Markthallen und Restaurants die Sachen herausholten, die noch verwertbar waren. Dumpster oder Dumpdiver nannten sich diejenigen, die zur Gegenbewegung aufriefen, jedenfalls in den USA: Von dort aus hatte das Containern und Mülltauchen, wie es in Deutschland genannt wird, seinen Ausgang genommen. Den Essensrettern geht es dabei aber nicht nur darum, sich aus einer Not heraus selbst zu ernähren oder allein auf die Überproduktion und die Essensvernichtung aufmerksam zu machen, sondern die containerten Lebensmittel auch für andere zur Verfügung zu stellen. Jedoch nicht im Sinne einer Armentafel. Unter dem Stichwort »Foodsharing« werden die geretteten Lebensmittel – Obst und Gemüse mit wenigen braunen Stellen, die man leicht herausschneiden kann, oder verpackte Waren, die man sofort nach Ablauf des Haltbarkeitsdatums auf den Müll wirft beziehungsweise die eine eingeknickte Ecke vorzuweisen haben und vom Verbraucher missachtet werden würden – innerhalb der Gemeinschaft, in der man lebt, verteilt, oder man betreibt mit den Sachen aus dem Müll ein Restaurant, das nur den Aufwand der Mülltaucher und der Köche in Rechnung stellt. Natürlich dürfen die »Lokale« unter dem Motto »Taste the Waste« nur im Geheimen geführt werden, denn in Deutschland ist Containern verboten.

»Nichts verkommen lassen« ist also nicht mehr nur Ausspruch der Nachkriegsgeneration, nicht mehr Verzichtsappell aufgrund einer Mangelwirtschaft, sondern ein Appell, in Zeiten der Überflussgesellschaft moralisch zu handeln, überschüssige Ware Bedürftigen zukommen zu lassen, statt sie wegzuschmeißen.

Dieser Trend lässt sich auch an anderen neuartigen Einrichtungen wie Umsonstläden feststellen, die Geschenkeboxen verteilen, mit Büchern, CDs, Kosmetika und was man sonst noch gebrauchen kann. »Gegenseitige Hilfe« oder auch »Gratisökonomie« sind Begriffe dafür. Es sind Aktionen gegen eine ausufernde Wegwerfgesellschaft, die man als zu wenig zielführend abtun kann, die jedoch eines eint: Sie machen das Problem bewusst.

Sinnvolles Wachstum

Money makes the world go round. Daran ist leider nichts zu rütteln. Wir wollen ja auch nicht im großen Stil zur Tauschwirtschaft zurück. Wenn wir jedoch weiter nur der Ökonomie eines quantitativen Wachstums folgen, werden wir am Ende alle verlieren. Ganz abgesehen davon, dass es auch in Deutschland genug Menschen gibt, die sich nicht jedes neue Handy leisten können. Der Armutsbericht der Bundesregierung 2012, nach dem jeder Siebte hierzulande als »armutsgefährdet« gilt, besagt, dass bei manchen Alleinstehenden mit Vollzeitjob der Stundenlohn nicht für die Sicherung des Lebensunterhalts reicht und der »gesellschaftliche Zusammenhalt« dadurch geschwächt ist. Ganz zu schweigen von dem gesellschaftlichen Druck, der auf Kinder ausgeübt wird, die in ihrer Peer Group nur dann akzeptiert werden, wenn sie das neueste iPhone besitzen oder die coolen Boots von Nike. Es hat allerdings schon immer Familien gegeben, die sich diesem Druck entziehen konnten – einfach ist das allerdings nicht.

Die Werbung versucht uns jeden Tag davon zu überzeugen, dass wir noch ungestillte Bedürfnisse haben, da ist Wachstumskritik uncool. Es herrscht die Vorstellung vor, dass wir unbedingt etwas Neues kreieren müssen, damit wir überhaupt wachsen können. Viele kluge Menschen, darunter auch unser Ex-Bundespräsident Horst Köhler, haben in Debatten immer wieder darauf hingewiesen, dass

Wachstum kein Selbstzweck sein kann und darf. Schärfer ausgedrückt: Wenn wir beispielsweise ein jährliches drei-prozentiges Wachstum im Bereich Flugzeugverkehr hätten, dann bedeutet das rein mathematisch gesehen für den Flugverkehr, dass in zwanzig Jahren doppelt so viele Passagiere transportiert werden wie heute. Das hätte immense Auswirkungen, auf den Flughafenbau, von der Logistik bis zur verkehrstechnischen Anbindung.

Natürlich gibt es noch Märkte, die Nachholbedarf haben, die noch längst nicht gesättigt sind. Recyclingtechnologien, Produkte und Dienstleistungen für eine alternde Gesellschaft, sauberes Wasser, Umwelt, Natur, Energie, Medizin usw.: In vielen Bereichen existieren vernünftige Wachstumsmärkte, insbesondere in unterentwickelten Erdregionen. Automobile verkaufen sich z. B. heute ja auch vielfach besser in diesen Wachstumsmärkten, und warum, könnte man fragen, sollten die Menschen dort nicht den gleichen Wohlstand genießen wie wir. Die Diskussion, ob die Erde dasselbe »Wohlstandsniveau« für alle bei einer immer noch wachsenden Erdbevölkerung überhaupt ertragen kann, wird vorwiegend in den gesättigten Märkten geführt, verständlicherweise jedoch nicht von der chinesischen Mittelschicht, die einen Nachholbedarf spürt, und erst recht nicht von Menschen in armen Ländern, die zu Recht Entwicklungschancen und Verteilungsgerechtigkeit fordern. Es ist daher essenziell, dass sich viele Menschen, angefangen von der UNO bis hin zu Hilfsorganisationen, Thinktanks und

NGOs, mit der globalen Wohlstandsfrage, die zugleich eine Ressourcen- und Umweltfrage ist, beschäftigen.

Wachstum ist bisher ein zentraler Begriff in einem erfolgreichen ökonomischen Modell, historisch gesehen eine gewichtige Antwort auf Mangel und Arbeitslosigkeit. Mehr Wachstum führt zur Schaffung von neuen Arbeitsplätzen. Und wer als Partei kein wirtschaftliches Wachstum verspricht, hat es schwer, von Wählern akzeptiert zu werden. Dieses Denken hat lange funktioniert, aber wir leben in einem geschlossenen System, auf der Erde. Im Wesentlichen stehen uns nur natürliche Energien wie die der Sonne zur Verfügung. Die Energiewende in Deutschland stellt daher auch konsequenterweise Solar-, Wind- und Wasserenergiegewinnung in den Mittelpunkt des Wirtschaftsprozesses. Wenn wir immer weiter nur quantitativ wachsen wollen, wenn wir in zwanzig Jahren nicht nur über doppelt so viele Autos, sondern auch über doppelt so viele Computer, Mobiltelefone, Schwimmbadpumpen verfügen wollen, dann kann das nicht funktionieren. Ein solches globales Wachstum ist auf Dauer nicht durchzuhalten, bedingt durch die Verknappung der Rohstoffe, ganz zu schweigen von der steigenden Zahl von Müllkippen und den weiteren Auswirkungen, die die Wegwerfgesellschaft so mit sich bringt.

Der amerikanische Soziologe Jeremy Rifkin hat in seinen vielen Büchern deutlich zu verstehen gegeben, dass man Armut auf dieser Welt nur mit einem neuen Wirtschaftssystem bekämpfen kann. Ungebremstes Wachstum erklärt er als unökonomisch. Bis heute herrscht bei den Wirtschaftsfachleuten keine Einigkeit darüber, obwohl dieser Gedanke schon wirkkräftig ist, seit er von dem US-Ökonomen Dennis Meadows in seinem 1972 geschriebenen Bericht an den Club of Rome formuliert worden war. Letztlich geht es darum, ein anderes »Wachstumsmodell« zu finden, eines, das auch einen gesellschaftlichen Wohlfühlfaktor berücksichtigt.

Altbundespräsident Horst Köhler hat in seiner Rede, die er 2009 in Augsburg anlässlich der Vergabe des Deutschen Umweltpreises gehalten hat, darauf hingewiesen, dass wir Menschen immer häufiger klagen, wir müssten materiellen Verzicht üben. Wir sollten uns stattdessen Gedanken darüber machen, worauf wir wirklich verzichten, wenn wir etwa stundenlang in einem Stau stehen, nämlich darauf, Zeit mit der Familie zu verbringen, mehr Ruhe zu haben. Wenn wir weiter in diese Richtung denken, bedeutet das, dass das Bruttosozialprodukt nicht mehr das alleinige Maß sein kann und das Wirtschaftswachstum nicht die wichtigste Größe für das Messen von Wohlstand. Mittlerweile gibt es zahlreiche Ansätze von Instituten, nicht mehr nur das Bruttosozialprodukt als alleinigen Wohlstandsindikator zu sehen, sondern auch weiche Faktoren wie Lebenserwartung, Gesundheit, Glück, Life-Work-Balance usw. Qualitatives Wachstum – etwa wenn ich ein Auto baue, das nur vier statt acht Liter Benzin auf hundert Kilometer braucht – muss einen noch höheren Stellenwert bekommen. Daher ist heute die Effizienzsteigerung, nicht wie früher die reine Erhöhung der Motorleistung, das Forschungsfeld der Ingenieure. Die Entwicklungen auf dem Gebiet der Mobilität werden in Zukunft riesige Veränderungen bringen, mit großen Chancen, gerade für die heimische Industrie, von fahrzeugtechnischen Revolutionen wie grundlegend neuen Antriebssystemen bis zu intelligenten Fahrerassistenz- und Verkehrsleitsystemen. Das betrifft nicht nur die Elektromobilität oder die Frage des Brennstoffzelleneinsatzes, basierend auf der Umwandlung jener Energie, die uns noch etwa sechs Milliarden Jahre zur Verfügung stehen wird, in Kohlenwasserstoffe (Solar to Fuel), sondern auch die Art und Weise, wie wir unsere Mobilität organisieren werden. Zunehmend könnte zumindest innerstädtisch der Gebrauch von Fahrzeugen über Car-Sharing-Modelle das bisherige Besitzmodell ablösen. Hier wächst die digitale Welt in Form der Verfügbarkeitssteuerung von solchen Verkehrssystemen für den Einzelnen mit der Kfz-Branche künftig näher zusammen. Eine spannende Entwicklung.

Beim allzu verschwenderischen Umgang mit Mobiltelefonen ist meines Erachtens ein grundsätzliches Umdenken notwendig. Ich habe einen Kollegen, der stolz darauf ist, dass er mit einem sieben Jahre alten Gerät auskommt. Auf der anderen Seite ist es schon sinnvoll und äußerst angenehm, dass ein modernes Smartphone ein Navigationsprogramm und GPS bietet, z.B. für den Fall, dass ich mich als Bergwanderer im unbekannten Gelände orientieren will. Und dass eine hochauflösende (Film-)Kamera eingebaut ist. Mein persönliches Problem ist eher, dass die Vielzahl der Apps für mich so unübersichtlich wird, dass ich einzelne sinnvolle, wie z. B. einen Barcode-Leser, kaum noch finden kann. Die schiere Fülle der angebotenen technischen Möglichkeiten droht mich zu überfordern. Ich frage mich, ob die Entwicklung in einem solchen Tempo weitergehen kann. Nicht so sehr technisch, sondern die Aufnahmekapazität des Menschen betreffend. Ich glaube, es ist eine Gratwanderung und es gibt für jeden einmal den Zeitpunkt, wo ein Mehr an Möglichkeiten eines technischen Gerätes am Ende ein Weniger an Fortschritt bedeutet. Es verhält sich hier wohl ähnlich wie bei der Entwicklung einer immer weniger zu überschauenden Vielzahl von Programmen bei Waschmaschinen.

Dass sich aber ein Telefon wie das aufklappbare Mobiltelefon RAZR von Motorola über einen Zeitraum von fünf Jahren kontinuierlich gut verkaufte, scheint heute, etwa zehn Jahre später, anachronistisch. Damals brauchte man nichts weiter als ein Gerät, mit dem man mit einem Menschen kommunizieren konnte, der nicht unmittelbar in Hörweite war. Heute sind die Geräte Fotoapparate, Filmkameras, Musikspieler, kleine Spielkonsolen, Routenplaner, Kontakthardware sozialer Netzwerke mit unendlich vielen Apps und tausend Sachen mehr – und oft nur noch nebenbei Telefone. Und nach einem halben Jahr, spätestens nach neun Monaten gelten sie als veraltet, zumindest für diejenigen, die sich über den Wechsel ihres Handys persönlich ihrer Modernität versichern.

Wer von den Herstellern in diesem atemberaubenden Wettbewerb ein wenig nachlässt, kann schnell in große Absatzprobleme kommen. Die Smartphones müssen scheinbar ständig flacher werden, die Pixelzahl des Displays oder der eingebauten Kamera, die Speicherkapazität und die Prozessorgeschwindigkeit höher. Das erfordert allerdings einen erheblichen Entwicklungsaufwand, dessen Kosten die Herstellerfirmen über die Verkäufe erst einmal wieder erwirtschaften müssen. Es bleibt ihnen in diesem dynamischen, man könnte auch sagen gehetzten Markt immer weniger Zeit, grundlegend Neues zu entwickeln. Verlierer sind dann wieder all diejenigen, die sich um den zunehmenden Rohstoffverbrauch sorgen, darum, dass immer mehr Edelmetalle, Beschichtungschemikalien, Polymere und Akkus zur Herstellung verbraucht werden. Und selbstverständlich die Energie, das Wasser und viele andere Ressourcen, die ebenfalls benötigt werden. Und selbst wenn man mit dem Recycling nachkommen würde, Energie verschlingt es auf jeden Fall, es belastet die Umwelt mit Elektroschrott und teils toxischen Abfällen.

Vielleicht ist dies aber nur eine Momentaufnahme, vielleicht ist das Minimum der Zykluszeit bald erreicht, und die Verbraucher legen in Zukunft mehr Wert auf Langlebigkeit und definieren für sich Fortschritt und Modernität und Wohlstand neu. Einen Wohlstand, den man an Umweltbilanzen von Produkten bis zu sozialen Faktoren wie der Frage, ob ein neues Gerät unser Lebensglück wirklich erhöht, ausrichten kann. Und so gibt es Menschen, die ganz bewusst versuchen, ein möglichst altes Handy zu benutzen, und stolz darauf sind, dass sie damit noch auskommen und es noch funktioniert. Ich weiß nicht: Sind sie Konsumverweigerer, naive Nostalgiker oder doch vor allem Vorkämpfer für einen nötigen Sinneswandel? Es scheint interessanterweise sogar einen Wettbewerb zu geben, wer das älteste noch benutzbare Modell sein Eigen nennt. Das findet natürlich definitiv ein Ende, wenn z.B. ein Übertragungsstandard geändert wird, was wir schon ähnlich bei der Abschaltung der analogen terrestrischen Fernsehübertragung erlebt haben. Plötzlich wurden die Antennen auf dem Dach obsolet. Digitale terrestrische Kanäle, Kabel- oder Satellitenfernsehen wurden der neue Standard. Natürlich hat dies jede Menge Verbesserungen gebracht, schon hinsichtlich der Übertragungsqualität, aber die Sammler alter Fernsehapparate sind nun außen vor, wollen sie diese betriebsbereit halten. Und die Abschaltung des analogen Rundfunks, immer wieder angekündigt, steht uns noch bevor. Dann könnten mit einem Schlag Millionen von Geräten nutzlos werden, die in den Wohnungen der Menschen stehen. Und all die schönen alten Geräte, die ein Radiosammler wie ich nicht nur für UKW-Funk nutzt, sondern mit denen er gelegentlich auch auf Mittel-, Lang- oder Kurzwelle ausgestrahlte Sendungen empfängt. Außer man behilft sich mit kleinen Sendern, die die digitalen Signale in analoge umwandeln und dann im Privatbereich mit nur sehr kleiner Reichweite aussenden. Erste Modelle sind schon auf dem Markt, vielleicht ein neues Geschäftsfeld für die Nostalgiker der Zukunft, ähnlich dem wiedererstarkten Interesse an der analogen Vinylschallplatte.

Vielleicht sollten auch die Medien öfter mal über den Charme und die Vorteile älterer Modelle berichten, nicht nur über die neuesten. Wenn man, wie gesagt, beobachtet, dass die Vinylplattenherstellung wieder im Kommen, also das alte Speichermedium für Musik noch längst nicht tot ist, dann weist das in eine erstaunliche Richtung. Sicher, die Gründe mögen hier etwas anders gelagert sein. Klang-puristen schwören auf die Qualität der »Tonrille« und empfinden die CD als synthetisch, oder sie lehnen die Be-schneidung des Tonfrequenzumfangs ihrer Lieblingsmusik in Kompressionsverfahren wie MP3 gänzlich ab.

Mir geht es da ähnlich, genieße ich doch das »warme« Tonspektrum, das die Verstärker meiner Röhrenradios oder auch meine Musikboxen liefern. Deshalb bin ich ja auch ein Sammler und Reparierer, ein Erhalter von diesen Geräten – einer von so vielen Gleichgesinnten, die sich auf Fünfziger-Jahre-Märkten wie der One-More-Time-Messe für Jukeboxen treffen. Auch genieße ich das rote Licht der Röhrenheizung im abendlichen Halbdunkel, wenn ich ein Röhrenradio einschalte und ein wenig hinter das Gehäuse blicke. Und ich erfreue mich am Geruch des leicht erwärm-ten Staubes auf den Glasröhren. Er erinnert mich an frü-her, als wir Kinder vor dem Schlafen abends um 19 Uhr das Betthupferl für Kinder hören durften. Wie schön, dass es das Betthupferl noch gibt im Bayerischen Rundfunk. Daher ist es für mich viel schöner, Musik aus einem alten Radio zu hören, selbst dann, wenn nur Kurzwelle oder Mittelwelle und noch kein klangtechnisch brillanteres UKW zur Verfügung steht, geschweige denn digitale Signale verarbeitet werden. Allein die Faszination des sogenannten magischen Auges, jenes meist grün leuchtenden und nach außen sichtbaren Senderabstimmungshilfsmittels, mutet wie ein uralter Zauber an, der mich als Kind fasziniert und geprägt hat. Jeder, der ähnliche Erlebnisse kennt, kann das nachvollziehen.

Mit solchen nostalgischen Einlassungen geht es mir nicht darum, die modernen technischen Möglichkeiten zur Verbesserung unserer Lebensbedingungen aufhalten zu wollen. Im Gegenteil, die technische Entwicklungsgeschichte der Menschheit hat uns mit den daraus resultierenden gesellschaftlichen Entwicklungen den Wohlstand gebracht, in dem wir heute leben. Wir, aber eben nicht alle Menschen auf dieser Erde. Daher stehen wir nicht am Ende einer ausentwickelten Gesellschaft, in der Technik bereits eine entscheidende Rolle spielt, sondern, wenn wir es richtig machen, wenn ein Traum wahr werden könnte, am Beginn einer Entwicklung, die zu einer nachhaltigen Lebensweise überall auf dieser Erde führen wird.

Reparieren lohnt sich

In der vorindustriellen Zeit waren Herstellung und Reparatur eine selbstverständliche Einheit, weil damals Ressourcenknappheit im Grunde der Normalzustand war und der Wert eines hergestellten Gegenstands sich auch über dessen Langlebigkeit definierte: So konnten etwa beim Bergbau nicht genügend Erze abgebaut werden, die nicht maschinenunterstützten händischen Abbaumethoden waren ineffizient, was die Rohstoffausbeute anbelangte. Verhüttungstechniken waren ebenso primitiv, die Ausbeute gering. Eisenerz war deswegen so wertvoll, und jedes abgebrochene Eisenschwert wurde aus diesem Grund wieder repariert. Schlachtfelder wurden nach Wiederverwertbarem abgesucht. Es gab keine Dampfmaschinen, keine Presslufthämmer in den Bergwerken, kein Dynamit, keine Motoren, keine Förderbänder, keine Vortriebsmaschinen. Alles musste in Schwerstarbeit von Hand erledigt werden. Das wünscht sich niemand mehr, und die Erfindung der Dampfkraft und später des Explosionsmotors, des Elektromotors, der Arbeitskraftmaschinen, die Erkenntnisse der theoretischen Physik der Wärmekraftmaschinen, des Carnot'schen Kreisprozesses und des zweiten Hauptsatzes der Thermodynamik waren ein Segen. Damit aber ging wohl eher schleichend als bewusst ein Verlust der absoluten Notwendigkeit für eine Kultur der Reparatur einher.

Im 19. Jahrhundert, in der aufkommenden Phase der

Industrialisierung, wurde es zunehmend einfacher, mithilfe der neuesten technischen Errungenschaften die kostbaren Bodenschätze, die Rohstoffe dieser Erde auszubeuten. Doch auch wenn die Ressourcengewinnung technisch effizienter wurde, hieß das nicht, dass Rohstoffe billig waren. Sie blieben weiterhin teuer, bei Gütern zählte noch immer ihre Langlebigkeit. Während der beiden Weltkriege im 20. Jahrhundert herrschten vielfach Mangelsituationen, die der Einschränkung des Waren- und Güteraustausches geschuldet waren. Zeitgleich wurden entscheidende Erfindungen gemacht, so zum Beispiel in England die des Polyethylen 1933. Damit waren die Kunststoffe geboren, eine Werkstoffklasse, die es zuvor in der Form nicht gegeben hatte, weil die organische Chemie mit ihren Polymeren noch nicht ihren Siegeszug angetreten hatte. (Vorläufer des Plastiks war das Bakelit, entwickelt auf der Basis von Phenolharz, damit hatte man sich bislang beholfen. Als leidenschaftlicher Sammler rettete ich vor kurzem einen Diaprojektor vor der Verschrottung – nicht weil ich ihn unbedingt gebraucht hätte, sondern weil er aus dem industriegeschichtlich bedeutenden Material Bakelit hergestellt war.)

Ähnliche Motive für die sparsame Verwendung und eine selbstverständliche Reparaturkultur gab es bei uns im Land noch in den fünfziger Jahren. Die Ressourcenknappheit steckte den Nachkriegsdeutschen sozusagen noch in den Knochen. Schrott war so wertvoll wie nie zuvor, er wurde gesammelt, neues Metall konnte mangels Fabrikationsanlagen zunächst nicht ausreichend produziert werden. Das wiederum führte zu Reparaturen, zu Lebensdauerverlängerungsmaßnahmen, und wenn wir die Generation von damals befragen, ist es erstaunlich, welche Geschichten sie über ihre Reparaturtricks erzählen können.

Ressourcenknappheit hat auf dieser Erde immer schon bestanden, ob aus Mangel an natürlichen Ressourcen oder den technischen Möglichkeiten zu ihrer Beschaffung: Wir müssen die Zeit, in der wir in den westlichen Industriestaaten verschwenderisch mit unseren Rohstoffen umgegangen sind – eine erdgeschichtlich extrem kurze Zeit, vielleicht von den sechziger Jahren des letzten Jahrhunderts bis heute –, hinter uns lassen. Wir müssen wieder reparieren lernen, nicht nur weil wir dann achtsamer mit den Dingen umgehen, sondern weil es sich für unseren Erdball »rechnet«. »Eine Reparatur lohnt sich nicht!« ist ein leicht zu widerlegendes Argument. In der ökonomischen Analyse mag es noch stimmen, denn betriebswirtschaftlich kann es unter Umständen keinen Sinn ergeben, Dinge zu reparieren, da man eine neue Lampe nahezu günstiger bekommt als eine bestimmte Glühbirne. Einzelteile sind betriebswirtschaftlich kein rentables Geschäft. Volkswirtschaftlich betrachtet, ich wiederhole das bewusst, gilt dies aber nicht. Vor zwei Jahren habe ich einen Röhrenfernseher repariert. Betriebswirtschaftlich wäre es besser gewesen, wenn ich einen neuen LED-Fernseher gekauft hätte, volkswirtschaftlich ist es aber unser Untergang, wenn wir nicht mehr reparieren und recyceln. Falls wir nicht in absehbarer Zukunft Materialien auf dem Mars oder Mond abbauen, was bis auf Weiteres höchst unwahrscheinlich ist, werden die Kosten für Rohstoffe bald explodieren.

Eisen- und Kupferdiebe, die mitten in Deutschland Eisenbahnschienen klauen oder Regenrinnen, das könnten schon erste (skurrile) Anzeichen dafür sein, dass wir zu einer Recyclinggesellschaft zurückkehren. Vor dreißig Jahren hätten wir kein Eisen geklaut, weil neues Eisen billiger war. Jetzt, wo Energie immer teurer wird, kehrt sich der Trend um.

Wir sollten die Reparatur bei allen Produkten möglichst lang ermöglichen, denn das auf das Reparieren folgende Recycling ist ebenfalls nicht umsonst zu haben. Auch stehen geeignete Verfahren für viele Produkte und Materialien erst am Anfang der Entwicklung. Und natürlich muss ein Produkt, solange es verwendet wird, nicht mit viel Energie und hohem Arbeitsaufwand zerlegt und neu konzipiert werden. Dem Einwand, in einer Welt voller langlebiger Produkte gäbe es weniger Arbeitsplätze, ist zu entgegnen, dass Arbeit kein Selbstzweck ist, sondern einen Sinn für ein größeres Ganzes haben sollte.

Wohl aber müssen wir recyceln, nun da die Erdoberfläche fast ausgebeutet ist. Bei der Ölförderung stellt sich z. B. die Frage: Wie viel Energie müssen und sollten wir einsetzen, um wie viel Energie herauszuholen? Und darf man bei der Exploration neuer Ölvorkommen zwei Barrel Energieeinsatz wagen, um am Ende nur ein Barrel Öl herauszuholen? Nein, natürlich nicht. Wir können auch nicht beliebig tiefe Bergwerke bauen, das ist eine Kostenfrage. Ist zum Beispiel alles mit vernünftigem Aufwand abbaubare Lithium (für Lithiumionenakkus) abgebaut, kann es nur noch durch Recycling gewonnen werden. Alle Elemente unserer Erde wurden einmal in kosmischem Maßstab in Sonnenreaktoren hergestellt, dann durch Supernovae-Explosionen in das Weltall verteilt, um schlussendlich bei der Bildung der Erde zusammengebacken und uns zur Verfügung gestellt zu werden. Wir sollten sorgsam mit diesen wertvollen Geschenken umgehen.

Waren früher Telefone noch mit einer bescheidenen Anzahl an Materialien wie hauptsächlich Plastik für das Gehäuse und Kupfer für die Elektrik herzustellen, gilt dies für die Smartphones von heute längst nicht mehr. Materialien, die das halbe Periodensystem der Elemente umfassen, sind verbaut, zum Beispiel Kupfer, Aluminium, Gold, Kobalt, Niob und aus der Gruppe der Seltenen Erden Praseodym, Europium, Gadolinium, Lanthan und viele andere, zumindest in Spuren. Und die Polymerchemie ist gefragt, wenn es um das Gehäuse geht mit all seinen wunderbaren Eigenschaften wie Leichtigkeit und Bruchfestigkeit, Abriebfestigkeit und Hochglanzfinish.

Das Problem ist nicht nur die begrenzte Ausbeutbarkeit der Vorräte dieser seltenen Elemente und Mineralien, aus denen sie gewonnen werden, sondern auch die ungleiche Verteilung auf der Erde. Brasilien, Kanada, Nigeria und vor allem China (bei den seltenen Metallen

Vanadium, Wolfram oder Indium) sind heute beinahe zu Monopolisten geworden. Und sie setzen die damit verbundene Macht auch ein, um diese Rohstoffe zu verknappen und die Preise zu diktieren. Selbst wenn diese Materialien in anderen Ländern vorhanden sind, hat es China geschafft, durch Ausbeutungsstrategien und Preisgestaltung zum De-facto-Monopolisten zu werden. Statt mehr oder weniger billige Rohstoffe zu liefern, bleiben die Materialien mehr und mehr im Land des Lächelns und werden dort zu Endprodukten veredelt, sodass die Wertschöpfung an Ort und Stelle geschieht.

Zu den Öl- und Gaskartellen, die seit fünfzig Jahren bekannt sind, kommen neue Rohstoffkartelle hinzu, Verteilungskämpfe sind nicht auszuschließen. Rohstoffe werden dadurch zu strategischen Mitteln. Wenn beispielsweise dem batteriebetriebenen Elektromobil die Zukunft gehören sollte, ist damit ein massives politisches Rohstoffproblem verbunden. Nicht nur aus diesem Grund halte ich die wasserstoff- oder methangetriebene Brennstoffzelle, die die neuen Elektromotoren mit Strom versorgt, für die aussichtsreichere Lösung in diesem Spannungsfeld.

Deutschland hat jüngst mit der Gründung einer Rohstoffagentur (DERA) im Rahmen der Bundesanstalt für Geowissenschaften und Rohstoffe reagiert. Diese nimmt hauptsächlich nur einen Beobachterposten ein, versucht aber auch, die allgemeine Situation über politische Einflussnahme und strategische Wirtschaftspolitik zu entspannen, die ausufernden erdweiten Warenströme in den Griff zu bekommen, einen Ausgleich zwischen Rohstofflieferanten sowie großen international agierenden Bergbaufirmen, den Produzenten sowie den Verbrauchern zu erreichen – eine riesige erdpolitische Herausforderung.

Lernen wir aus den Fehlern der Geschichte! Denn wirklich neu ist nur die Dimension der Warenströme, nicht das Phänomen an sich. Schon in der Antike waren es das Salz, der Pfeffer, Tee oder seltene Farbpigmente, die knapp waren und um den Globus transportiert wurden. Und neu ist auch nicht, dass Rohstoffhunger zu einem der Motive für kriegerische Auseinandersetzungen wurde: Das war zu Beginn der Industrialisierung Anfang des letzten Jahrhunderts auch schon der Fall.

Recycling für alle(s)

Ich plädiere für eine Reparatur, solange es im jeweiligen Kontext sinnvoll ist. Danach sollte es aber ein Recycling für jedes Gut geben. Natürlich gibt es heute bereits Recyclinghöfe. Es wird in naher Zukunft aber nicht mehr nur darum gehen, manches zu recyceln, sondern alles. Zwar liegt Deutschland mit an der Spitze, was das Recycling in Europa angeht, aber laut dem europäischen Statistikamt Eurostat waren es 2010 eben doch nur knapp die Hälfte aller kommunalen Abfälle, die wiederverwertet wurden (im europäischen Durchschnitt sind es 25 Prozent). Und in einigen Bereichen gibt es rückläufige Tendenzen: Nehmen wir die Kreislaufwirtschaft bei Getränkeverpackungen – hier ist die Einwegquote in den letzten zehn Jahren in Deutschland gestiegen, was auch an den vielen Plastikflaschen der Discountermärkte liegt. Zudem hat sich in letzter Zeit die ökologische Bilanz des Mehrweg-Systems als nicht so überzeugend dargestellt, wie man sich das bei seiner Einführung erhofft hatte.

Noch immer hat man es nicht geschafft, dass zum Beispiel Hersteller von Mobiltelefonen ihre Geräte zurücknehmen: dass sie sich verpflichten, Handys in ihre Einzelteile auseinanderzulegen und als Recyclingteile zu betrachten, die sie wiederzuverwerten haben, um den Stoffkreislauf zu schließen. Diese Verantwortung haben die Elektronikkonzerne bislang nicht übernommen – obwohl sich dadurch der Energieverbrauch immens verringern würde. Man muss sich das nur mal klarmachen: Ein altes Mobiltelefon unterscheidet sich in den Materialien gar nicht großartig von einem neuen. Die weitaus größere Differenz liegt in den Softwareprogrammen. Insofern könnte man alle alten Handys für den Produktionsprozess nutzbar machen! Urban Mining, die Beschaffung von Rohstoffen inmitten dicht besiedelter Städte, konkret etwa die Weiterverwertung von Bauschutt, wird eine große Zukunft vorhergesagt, viele Betriebe arbeiten an neuen Rohstoffrecyclingverfahren, hier ist innovative Technik gefragt. In einer Tonne Elektronikschrott ist ja heute schon mehr Gold (bis zu mehreren Hundert Gramm) oder Kupfer (bis zu mehreren Hundert Kilogramm) vorhanden als in so mancher Tonne natürlichem Muttergestein, aus dem heute noch Gold oder Kupfer gewonnen wird.

Und nicht zu vergessen: Der Elektronikmüll landet oftmals in Ländern, die weit südlich von uns liegen, in Afrika oder Asien. Auf den Mülldepots krabbeln Kinder herum und verbrennen die Kunststoffgehäuse von Flachbildfernsehern der ersten Generation, um ans Innere zu kommen, an die Edelmetallteile – nicht wissend, wie gefährlich die Dämpfe für ihre Lunge sind.

So wie die Energiewende ein großes Potenzial für uns als Industrienation hat, weil wir unseren Wohlstand aus den vermarktbaren, sinnvollen neuen Produkten, die unsere Erfinder, Entwickler, Techniker, Ingenieure und Produzenten herstellen, beziehen, so werden Recycling und Rohstoffwiederverwertung noch zu einem wahren Megatrend werden. Es kommt darauf an, frühzeitig die Chancen zu erkennen, die Forschung und Entwicklung zu fördern und sich damit an die Spitze einer Zeitenwende zu einer nachhaltigen Wirtschaft zu setzen, nicht nur was den Rohstoff Energie betrifft, sondern auch die Georessourcen. In unserem neuen Erdzeitalter, das der niederländische Chemiker Paul Crutzen im Jahr 2000 Anthropozän getauft hat, weil der Mensch entscheidend in das Geosystem eingreift und die Menschheit selbst zu einem geologischen Faktor wurde, ist dies das Gebot der Stunde. Wir müssen uns endgültig vom Vergeuden von Rohstoffen verabschieden. Das bedeutet nicht unbedingt Verzicht,

sondern eine Rückbesinnung auf die Tugenden des Maß-
haltens und auch die Chance auf eine viel bessere, gerech-
tere Verteilung der Güter dieser Erde.

Buy local, produce local – und tausche!

Überall in der Gesellschaft finden sich Ansätze zu Gegen-
bewegungen zur Globalisierung. Um nicht naiv zu erscheinen: Man kann die Globalisierung nicht in Bausch und
Bogen abschaffen wollen, internationale Vernetztheit, der
Warenaustausch mit anderen Nationen bis hin zum Verständnis für andere Kulturen haben die Menschheit ein
großes Stück weitergebracht. Wenn bei uns im Geschäft
ein T-Shirt aus einhundertprozentiger Baumwolle 12,50 €
kostet, dann kann das aber nicht gerecht und mit rechten
Dingen zugehen. Fair Trade kann das nicht sein. Darum
müssen wir permanent daran arbeiten, Stoffkreisläufe bewusst zu machen, wie es z.B. in Repair Cafés geschieht.

Ein folgerichtiger Trend ist der des schon erwähnten lokalen Produzierens. Buy-local-Initiativen, unabhängige
Unternehmen vor Ort, setzen ein Signal, und das lautet:
Engagiert man sich in der unmittelbaren Umgebung, die
man beieinflussen kann, für die Umwelt, für Arbeitsplätze, für das Gemeinwesen, so kann das Lokale, von
mir aus auch das Provinzielle, Einfluss auf das große
Ganze haben. Zum Beispiel haben sich in den vergangenen
Jahren immer mehr kleinere Brauereien etabliert – sie

brauen ihr eigenes und besonders geschmackvolles Bier, unabhängig von den großen Konzernen. Sie nennen sich »Mikrobrauereien«, nach dem amerikanischen Vorbild der Microbreweries. Sie wollen gegen die Konzentration gerade im Nahrungsmittelbereich vorgehen und Vielfalt durch Wettbewerb gewährleisten.

In der Lebensmittelproduktion, zumal der kleinbäuerlichen, wo immer mehr Hofläden entstehen, kommt das gut zum Ausdruck. Lokale Produktion und lokaler Konsum sparen Transportkosten und -wege, können viel besser im Hinblick auf eine gesunde Kreislaufwirtschaft überblickt werden und stärken die heimische Tradition.

Natürlich gilt das nicht für alle Güter, Bananen wachsen nun mal nicht bei uns, und auch für Hightech-Produkte ist es manchmal vernünftig, sie dort zu produzieren, wo sie gebraucht werden.

Hinter dem Erfolg der kleinen Bauernhofläden (die meist mit dem Label »Bio« werben, aber darum soll es hier jetzt ausnahmsweise nicht gehen) verbirgt sich der Wunsch, sein Fleisch, Gemüse oder Obst nicht mehr nur billig bei Supermarktketten zu kaufen, sondern bei einem Hersteller, den man kennt. Da weiß man oder glaubt man zu wissen, unter welchen Bedingungen und Kontrollen produziert wurde. Lebensmittelskandale, wie wir sie in der Vergangenheit erlebt haben, sind auf diese Weise leichter auszuschließen, zumindest einzugrenzen. Dass es solche Probleme bei lokalem Handel nicht gibt, dafür sorgt schon die viel kleinere umgesetzte Warenmenge, aber viel mehr noch das Vertrauensverhältnis, das sich zwischen Produzenten und Konsumenten entwickelt.

Karl Ludwig Schweisfurth, einst Herta-Unternehmer, dann Pionier bei der ökologischen Lebensmittelherstellung, -verarbeitung und -vermarktung, zeigte mir einmal seine Hermannsdorfer Landwerkstätten in der Nähe von Glonn, östlich von München. Die Schweine, die zu dem Landgut Hermannsdorf gehören, liefen frei herum, im Winter wie im Sommer, sie entschieden selbst, ob sie eine Behausung brauchten oder nicht. Dazu kam, dass sich auf den grünen Wiesen nicht nur Schweine suhlten, sondern auch andere Tiere wie Schafe gehalten wurden. Das ist eine neue Art extensiver Tierhaltung, die das Fleisch zwar teurer macht, aber auch wertvoller.

Lokale Produzenten, die sich selbst versorgen, sind überall unter uns. Manchmal begegnen wir bei Familienausflügen im bayerischen Oberland einem Ruheständler, der in seiner aktiven Zeit Bauer gewesen war, mehr wusste ich anfänglich nicht von ihm. Das wollte ich ändern, als ich seiner Einladung nachkam, ihn einmal spontan auf seinem kleinen Berghof zu besuchen. Als wenn er mich erwartet hätte, stand er auf dem Weg; da der Dezember frühlingshaft mild war, schien er die wärmende Sonne zu genießen.

»Schöner Blick von hier oben, nicht wahr?«, begrüßte ich ihn.

Der ehemalige Bauer nickte. »Aber glauben Sie nicht, dass ich hier nur herumschaue.«

»Das habe ich auch nicht angenommen.«

»Ich mache hier noch alles selber«, erklärte er mir stolz. »Um sechs in der Früh habe ich meine sieben Geißen noch weiter hoch getrieben. Dort werden die zweimal am Tag gemolken. Danach hole ich mir immer einen Radi aus dem Keller. Meine Frau und ich bauen nämlich alles, was wir essen, im eigenen Garten an. Da weiß man wenigstens, woher es kommt. Wir sind Selbstversorger.«

Da war sie wieder, die Autonomie. Ob auf dem Land oder auf urbanen Dachterrassen in Berlin oder Frankfurt mit Radieschen und Tomaten oder öffentlichen Plätzen in Stadtvierteln, auf denen Auberginen angebaut werden: All diese Ansätze sind nichts anderes als eine Fortsetzung dieser uralten Tradition der Selbstversorgung, nur stärker unter einem gemeinschaftlichen Aspekt gedacht – wenn man die außen vor lässt, die den Kräuteranbau auf dem Balkon einfach nur schick finden und dazu im Liegestuhl eine der neuen Zeitschriften lesen, die sich sehr gut verkaufen und die Strömungen des Selberanbauens, des Selbermachens und des Selberreparierens, auch oft im Kontext des Landlebens, ästhetisch darstellen und beschreiben.

Die Kleingärtner wurden früher teilweise belächelt, heute gehören sie zu einer Bewegung. Der gemeinschaftliche Aspekt bedeutet, dass alle Obacht haben auf das, was im unmittelbaren Umfeld wächst, unabhängig davon, ob das in den Stadtvierteln oder in einer dörflichen Struktur passiert.

Es bedeutet aber auch, dass der eine aus den gezogenen

Kartoffeln Knödel macht, ein anderer aus ihnen Schnaps brennt, ein Dritter sich der gemeinsam gesetzten Apfelbaumsetzlinge annimmt, ein Vierter Leder repariert und ein Fünfter gebrochene Metallstücke zusammenschweißt. Es mag romantisch verklärend erscheinen, ist aber eher praktisch gedacht. Bei solcher Selbstversorgung werden lange Transportwege vermieden. Schließlich kann die lokale Selbstproduktion in eine neue Form der Tauschwirtschaft münden.

Tauschbörsen können helfen, den gesellschaftlichen Zusammenhalt wieder zu stärken. Wer die Gabe hat, Kleider zu nähen, kann seine Ergebnisse gegen die desjenigen, der ein Mofa reparieren kann, eintauschen. In kleinerem Umfang sind in vielen Regionen Deutschlands Tauschringe organisiert, oft als erweiterte Nachbarschaftshilfe, als Netzwerk für eine sozialverträgliche Ökonomie, als Fähigkeits- beziehungsweise Dienstleistungstausch, als Ressourcen-Tauschring. Getauscht wird auf Zeitbasis, Tauschaktionen auf Geldbasis sind nicht zulässig – außer man hat eine eigene Währung eingeführt (so gibt es einen Rosenheim-Euro; in manchen Stadtvierteln spricht man auch ganz salopp von einer Kiezwährung), die eine Verrechnungseinheit auf Grundlage von Zeit und Talenten darstellt. Mancher Bäcker nimmt einen Rosenheim-Euro an, gibt dafür eine Tüte mit Semmeln her, wohl wissend, dass ein Elektriker mal kurz vorbeikommt, um sich ein defektes Kabel anzuschauen.

Lokale Tauschbörsen nehmen genau das auf: Sie handeln in einem institutionalisierten Rahmen mit Kompetenzen, oftmals Reparaturkompetenzen. Der eine ist in der Lage, einen Zaun wieder instand zu setzen, ein anderer kann einen in seinen Nähten aufgerissenen Schlafanzug wieder zusammenflicken.

Die Tauschbewegung profitiert vom Internet. Über eine digitale Vernetzung lässt sich in Erfahrung bringen, dass ein Nachbar Fähigkeiten besitzt, die man nie bei ihm vermutet hätte. Nicht einmal in dem Dorf, in dem man lebt. Oder man lernt dadurch einen Menschen aus der Umgebung kennen, den man sonst nie getroffen hätte. Man erfährt, dass es da jemanden in der Nähe gibt, der meine Kenntnisse braucht. Ein entsprechender Anschlag im Supermarkt kann ausreichen, doch um junge Leute für solche Dienste zu gewinnen, ist eine eigene, gut gepflegte Website angebrachter.

Tauschringe mit ihrer respektvollen Kultur des Miteinanders bringen Menschen mit besonderen Fähigkeiten zusammen. Vielfach sind es Mütter, die wegen ihrer Kinder zu Hause sind und sich deshalb in Tauschringen organisiert haben. Sie kommen in Kontakt, erhalten Wertschätzung, weil sie eine Lampe anbringen, Knöpfe annähen oder einen Stuhl neu beziehen können. Aber auch ältere Menschen nutzen Tauschbörsen, weil sie Fertigkeiten beherrschen, die den Jungen fehlen und die sie ihnen gern beibringen würden. Das reicht von der handwerklichen Betätigung bis zu Stadtführung, Hundedressur und Nachhilfeunterricht. Natürlich sind das Modelle im kleinen, überschaubaren lokalen Rahmen, nichtsdestotrotz tragen sie dazu bei, dass wir bewusster konsumieren und damit auch die Voraussetzungen für globale Veränderungen schaffen.

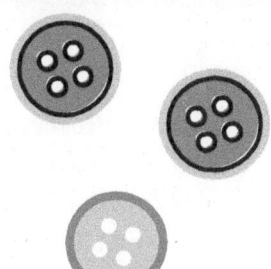

Schlussbemerkung

Wie wir im Jahr 2040 leben könnten: eine Vision

Die Individualisierung, die Autonomie der Einzelnen, ist im Jahr 2040 weit vorangeschritten: Unsere Tochter arbeitet halbtags als Ärztin und ist selbstverständlich Mitglied einer Repair- und Selbstversorger-Bewegung. Auch ihr Beruf hat sich individualisiert: Die personalisierte Medizin kann sehr viel mehr Patienten gezielt helfen, als das den Ärzten meiner Generation möglich war. Sie verfügt über eine große Zahl von biotechnologisch hergestellten Medikamenten, die die Reparaturfähigkeit des menschlichen Körpers gezielt unterstützen. Die Erkenntnisse der Nanomedizin haben uns einen großen Schritt weitergebracht, die molekularen Ursachen von Krankheiten nicht nur zu verstehen, sondern gezielt zu behandeln.

Die Einsicht, dass die Herausforderungen für die wachsende Bevölkerung des Planeten nur durch ein Ineinandergreifen von pionierhafter Innovation und nachhaltiger Industrieproduktion zu meistern sind, ist zu den wirtschaftlichen und politischen Entscheidungsträgern vorgedrungen. Die Rohstoff- und Versorgungskrisen der 2020-er Jahre haben ein endgültiges Umdenken der internationalen Staatengemeinschaft herbeigeführt. Abkommen unter dem Dach der UNO regeln eine Verteilungsgerechtigkeit, die die Bedürfnisse des aufschließenden ärmeren Teils der Erde berücksichtigt. Die Erdbevölkerung wächst nicht mehr, sondern hat bei 7,5 Milliarden ein Gleichgewicht erreicht.

Nachhaltige solare Energieversorgung als Basis eines reduzierten und erdweit ausgeglichenen Wirtschaftens ist in Reichweite gerückt. Die Fortschritte in Naturwissenschaft und Technik haben die Basis für diese Entwicklung zum Positiven gelegt. Wir Menschen sind gerade noch einmal davongekommen, weil wir unter hohem Druck als ein zur Evolution fähiges System reagiert haben.

Unser Enkel hat eine eigene Werkstatt und bastelt jeden Tag mit dem Opa.

Fast alles wird untersucht, vieles zerlegt und repariert. Mit ihm gehe ich jede Woche einkaufen. Auf den Markt. Doch auch die Nahrungsmittel in den Supermärkten stammen zu einem hohen Anteil aus der Region und sind ökologisch produziert.

Bei den Produkten wird dank eines neuen Zertifikats auf Langlebigkeit geachtet. Die Ökobilanz ist für jedes Gerät ein selbstverständliches Kaufargument. Viele Menschen in der industrialisierten Welt brauchen viel weniger, nicht der Akt des Kaufens steht mehr im Mittelpunkt, sondern die Befriedigung wirklicher Bedürfnisse. Da es abhängig von der jeweiligen Ressourcenlage für jedes Produkt eine numerische Obergrenze gibt, spielt die Ethik des Teilens mit anderen Menschen auf der Erde eine große Rolle.

Überall wird mit der Reparaturfähigkeit von technischen Gegenständen geworben. Viele neue kleine und mittelständische Betriebe sind entstanden. Die Tauschwirtschaft hat sich, ausgehend vom Shared-Economy-Boom im Internet, auch in der nicht virtuellen Welt professionalisiert. Vernetzung und Austausch von Gebrauchsgegenständen jeglicher Art verlaufen reibungslos.

Reale und virtuelle Welt sind zusammengewachsen. Eine neue Form der industriellen Fertigung geht auf die individuellen Bedürfnisse der Menschen mit maßgeschneiderten Lösungen ein: Autos werden nicht mehr von der Stange gekauft, von der Kleidung bis zum Kochtopf steht der individuelle Kundenwunsch im Mittelpunkt. Die Industrie hat ihre Fabriken so flexibilisiert, dass individuell nachgefragte Produkte in minimaler Stückzahl gefertigt werden können. Nichts mehr wird unnötig auf Halde produziert. Viele Industriebetriebe gleichen in ihrer Vorgehensweise einer Manufaktur, wobei sie mit den modernsten Materialien und Methoden arbeiten, die die Forschung bereitstellt.

Die nanotechnologische Produktionsweise, die von den elementaren Bausteinen der Materie ausgeht, hat sich durchgesetzt. Sie hat sich das der Natur inhärente Prinzip der Selbstorganisation dienstbar gemacht. Atomares und molekulares Recycling ist selbstverständlich geworden. Die großen Fortschritte in Forschung und Entwicklung wurden auf eine breite gesellschaftliche Basis gestellt, das neue Wissen ist in der Bevölkerung angekommen. Wir verstehen die elementaren Zusammenhänge der Natur nun wesentlich besser.

Reparaturfähigkeit, Recyclingfähigkeit und Nachhaltigkeit stehen für die Industrie im Mittelpunkt. Die Auswirkungen von Produktionsprozessen auf Mensch und Umwelt, die Ökobilanz eines Produkts, werden durch Computersimulationen vorhergesagt. Die Optimierung des Designs sorgt dafür, dass sich der Materialeinsatz drastisch reduziert. Noch vor der Produktion wird der gesamte Stoffkreislauf genauestens durchdacht. Unternehmen stellen Produkte nicht mehr nur her, um sie an ihrem »Lebensende« sich selbst zu überlassen, ihre Mitarbeiter reparieren und zerlegen sie wieder, um daraus neue, bessere Produkte zu kreieren.

Kein unnötiger Bedarf wird mehr geweckt. Normen und Standardisierung, deren Auswüchse früher mit zur Wegwerfgesellschaft geführt haben – denken wir nur an die Inkompatibilitäten von Ladegeräten –, sind nun sinnvoll, wofür ein gewähltes Expertengremium geradesteht.

Wir haben die Chance zur Veränderung, wir können alle dazu beitragen, wenn wir an Visionen glauben und an Utopien arbeiten! Denn wo die Gefahr wächst, wächst auch das Rettende, wie bereits Hölderlin wusste. Das

Glück der gelungenen Reparatur selbst zu erleben ist nur ein kleines Steinchen im Mosaik der globalen Hinwendung zur Nachhaltigkeit, aber ein wichtiges, weil jeder von uns es selbst ergreifen kann. Es ist meine große Hoffnung, dass sich im Rahmen einer erstarkenden »Kultur der Reparatur« immer mehr Menschen für eine lebenswerte Zukunft auf unserem winzigen Planeten Erde engagieren. Es ist der einzige Ort, der uns im Universum zur Verfügung steht.

Ganz besonders bedanken möchte ich mich bei meiner Frau Sigrid, die mit ihren wertvollen Hinweisen und durch ihr wiederholtes Korrekturlesen sehr zum Gelingen dieses Buches beigetragen hat.

Ein weiterer Dank auch an Frau Regina Carstensen, die mir besonders am Anfang sehr geholfen hat, meine Gedanken zu ordnen.

Anhang

Eine kleine Auswahl von Orten, an denen die Kultur der Reparatur vorangetrieben wird:

Reparieren

Baden-Württemberg
RaumZeitLabor e.V.
Weinheimer Strasse 58-60
68309 Mannheim

Bayern
Huij in München
www.huij.org/
Westendstr. 49
80339 München
Tel.: 089-21 89 08 75

Machwerk e.V.
Schulstr. 1
80634 München
Tel.: 089-55 29 19 72

Kreativgarage im
Ackermannbogen
Rosa-Aschenbrenner-Bogen 9
80797 München
Tel.: 089-30 74 96 35

Repair Café München
Haus der Eigenarbeit
Wörthstr. 42/Rgb.
81667 München
Tel.: 089-44 80 623

WerkBox3
Dachauer Str. 110c
80636 München
www.werkbox3.de

wagnis-werkstatt
Heinrich-Böll-Str. 69
81829 München

Kempodium
Untere Eicher Strasse 3
87435 Kempten
Tel.: 0831-54 02 130

Unternehmen Chance
Von-Behring-Str. 6–8
88131 Lindau

Repair Café Nürnberg
FabLab
Schwabacher Str. 512
90763 Fürth

FAU FABLAB
Erwin-Rommel-Straße 60
91058 Erlangen
Tel.: 09131-85 28 013

Berlin
Repair Café
Berlin-Prenzlauer Berg
Nachbarschaftshaus am
Teutoburger Platz
Fehrbelliner Str. 92
10119 Berlin

Repair Café Berlin-Kreuzberg
Alexandrinenstr. 4
10969 Berlin

Open Design City
Prinzessinenstr. 19–20
10969 Berlin

Der Radcontainer
Prinzenstraße 35–38
12105 Berlin-Tempelhof

Repair Café Berlin-Kreuzberg
Nachbarschaftshaus
Urbanstr. 21
10961 Berlin
Tel. : 030-69 04 97 0

Funkhaus Grünau
Regattastr. 277
12527 Berlin

Holzwerkstatt
Regenbogenfabrik
Lausitzerstr. 22
10999 Berlin
Tel.: 030-69 57 95 19

Nadelwald co-sewing space
Friedelstraße 11
12047 Berlin

Kulturlabor Trial & Error
Braunschweiger Str. 80
12055 Berlin

Kunst-Stoffe
Berliner Strasse 17
13189 Berlin
Tel.: 030-340 89 840

Repair Café Berlin Spandau-
Wilhelmstadt
Adamstr. 39
13595 Berlin-Spandau

Repair Café Potsdam
freiLand
machBar – Haus 5
Friedrich-Engels-Strasse 22
14473 Potsdam

Bremen
Wedderbruuk
www.wedderbruuk.de
Am schwarzen Meer 10
28205 Bremen

Hamburg
Honigfabrik
Industriestraße 125–131
21107 Hamburg
Tel.: 040 - 42 10 39-0

Attraktor e.V.
Eschelsweg 4
22767 Hamburg
E-Mail: office@attraktor.org

Repair Café Hamburg
DRK-Seniorentreffpunkt
Redder 2b
22393 Hamburg
Tel.: 040-601 24 42

die MOTTE e.V.
Eulenstraße 43
22765 Hamburg
Tel.: 040-399262-0

Hessen
Repair Café Wiesbaden
Vereinsheim 1. FC Kohlheck
Schönbergstr. 74
65197 Wiesbaden

Atelier Culture
Rathausstraße 60
65199 Wiesbaden

Mecklenburg-Vorpommern
Kabutze
Friedrich-Loeffler-Straße 44 a
17489 Greifswald
Tel.: 0163-75 36 988

Niedersachsen
Repair Café Celle
Bomann-Museum
Schloßplatz 7
29221 Celle

FabLab Braunschweig
Rebenring 31
38106 Braunschweig

Nordrhein-Westfalen
Repair Café Bad Salzuflen
Kiliansweg 7–9
32108 Bad Salzuflen

Repair Café Bielefeld
Deine Eisb@r
Ritterstr. 6
33602 Bielefeld

Repair Café Düsseldorf
GarageLab
Rather Str. 25 (Hinterhof)
40476 Düsseldorf

Repair Café Lünen
Grünes Büro
Münsterer Str. 78b
44534 Lünen
Tel.: 02306-1778

Dingfabrik
Fritz-Voigt-Str. 1
50823 Köln

Repair Café Köln-Porz
Jugend- und Gemeinschafts-
zentrum Grengel
Friedensstr. 29
51147 Köln

Repair Café Rösrath
Hauptstraße 16
51503 Rösrath

Repair Café Aachen
Martinstr. 10–12
52062 Aachen

Rheinland-Pfalz
Repair Café Mainz
Windmühlenschule
Generaloberst-Beck-Str. 1
55129 Mainz

Sachsen
Werk-Stadtpiraten e.V.
Rosenstr. 92
01159 Dresden

Werk.Stadt.Laden
Jagdweg 1–3
01159 Dresden
Tel.: 0176-35 01 90 56

Nachbarschaftsgärten e.V.
Josephstraße 27
04177 Leipzig-Lindenau

Sachsen-Anhalt
Eigenbaukombinat Halle e.V.
Landsberger Str. 3
06112 Halle (Saale)
Tel.: 0176-93 53 46 26

Land Leben Kunst Werk e.V.
Geschwister-Scholl-Str. 9
06780 Quetzdölsdorf

Schleswig-Holstein
Repair Café Schleswig
Mehrgenerationenhaus
Schleswig
Lollfuß 48
24837 Schleswig
Tel.: 04621-2 77 48

Website mit verschiedenen Reparaturanleitungen
www.ifixit.com

Mehr Informationen auch auf der Website des Verbundes offener
Werkstätten
www.offene-werkstaetten.org

Sharing

Auswahl:
Netzwerke, die das Sammeln, Leihen und Teilen von Gegenständen
ermöglichen:
www.frents.com
www.fairleihen.de
www.depot-leipzig.de

Privates Carsharing:
www.mitfahrgelegenheit.de
www.snappcar.de

Bundesverband Carsharing:
www.carsharing.de

Private Unterkünfte für den Urlaub:
www.airbnb.de
www.9flats.com/de
www.couchsurfing.com
www.wimdu.de

Plattform für Obstallmende:
www.mundraub.org

Plattform für Foodsharing:
www.foodsharing.de

Plattform, auf der Bücher geteilt werden:
www.bookelo.live

Tauschen

Auswahl:
Kleiderzirkel online in Deutschland:
www.vinted.de

Informationsseite, wo in Deutschland Kleidertausch-Events
durchgeführt werden:
www.kleidertausch.de

Übersichtsseite zum Thema Tauschkreise/Tauschbörse
(Dienstleistungen und Gebrauchsgegenstände, die ohne finanzielle
Vergütung zwischen den zwei Parteien getauscht werden):
www.tauschringmuenchen.de
www.tauschbillet.de
www.tauschticket.de
www.tauschgnom.de

Haustausch für Ferien:
de.homeforhome.com
www.haustausch.de

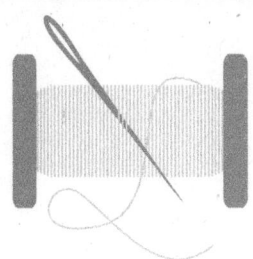

Register

Unsere Leseempfehlung

288 Seiten
Auch als E-Book
erhältlich

Die Hoffnung hat ein Problem. Gerade jetzt, wo wir sie am meisten brauchen, versagt sie. Immer mehr Menschen haben das Gefühl, dass die Zukunft nicht besser werden wird als die Gegenwart. Diese Entwicklung ist unerträglich, denn für ein selbstbestimmtes und gelungenes Leben, ist Hoffnung eine unabdingbare Notwendigkeit. Aber damit wir wieder Hoffnung haben können, müssen wir zuerst verstehen, was Hoffnung überhaupt bedeutet und warum es so einfach ist, absolut falsch zu hoffen. Christiane Stenger und Stephan Phin Spielhoff machen sich deshalb auf die Suche nach der Hoffnung, nach ihrem Ursprung und ihrem Werdegang.

Unsere Leseempfehlung

Liesl Clark & Rebecca Rockefeller

Nichts kaufen, ALLES HABEN

In 7 Schritten zu einem konsumfreien, nachhaltigen und großzügigen Leben

GOLDMANN

368 Seiten

Klamotten, Kosmetik, Elektronik: Wir kaufen ständig neu und schmeißen vieles anschließend wieder weg. Was davon bleibt: Müllberge, die unseren Planeten zerstören, und das ungute Gefühl, den Blick für das Wesentliche zu verlieren. Liesl Clark und Rebecca Rockefeller, die Gründerinnen der globalen »Buy Nothing«-Bewegung, liefern mit diesem Buch eine fundierte Analyse unseres Kaufverhaltens und führen in sieben Schritten zu einer nachhaltigen Konsumkultur, die auf dem Prinzip des Schenkens und Tauschens beruht. So schonen wir Ressourcen, kommen unseren Mitmenschen näher und haben wieder Raum für die wirklich wichtigen Dinge im Leben.

Unsere Leseempfehlung

240 Seiten

In über 200 Bildern stellt Lina Jachmann einen minimalistischen Lebensstil vor. Homestorys über die perfekte Ordnung inspirieren zum Nachmachen, die Autorin blickt in einen aufgeräumten Kleiderschrank mit wenigen, unterschiedlich kombinierbaren Kleidungsstücken und zeigt, wie man überlegt einkauft und dabei seinem Stil treu bleibt. Außerdem erklärt sie, wie man nachhaltige Kosmetik selbst herstellt, regt mit leckeren Rezepten zum Kochen an und gibt Tipps für das minimalistische Denken.